全国教育科学规划教育部重点课题
“高等教育质量标准国际比较研究”（编号:DDA150210）

高等教育质量标准研究

GAODENG JIAOYU
ZHILIANG BIAOZHUN YANJIU

国兆亮◎著

知识产权出版社
全国百佳图书出版单位
—北京—

图书在版编目（CIP）数据

高等教育质量标准研究/国兆亮著. —北京：知识产权出版社，2021.6
ISBN 978-7-5130-7440-7

Ⅰ.①高… Ⅱ.①国… Ⅲ.①高等教育—教育质量—质量标准—研究—中国
Ⅳ.①G649.21

中国版本图书馆 CIP 数据核字（2021）第 037482 号

内容提要

本书以高等教育质量标准为研究对象，通过文献梳理、比较研究、理论分析以及专家咨询等方法，试图厘清高等教育质量及其标准的本质和内涵，分析国际高等教育质量标准的类型，进而得出未来国际高等教育质量标准发展的趋势特征——标准的制定主体从单一到多元，标准的价值取向从合格到增值，标准的制定方法从量化到质化，标准的功能从鉴定到促进发展。最后，本书构建了适合我国国情的高等教育质量标准框架体系，以期为我国高等教育质量标准的建设提供参考。

责任编辑： 安耀东　　　　**责任印制：** 孙婷婷

高等教育质量标准研究

GAODENG JIAOYU ZHILIANG BIAOZHUN YANJIU

国兆亮　著

出版发行： 知识产权出版社有限责任公司　　**网　　址：** http://www.ipph.cn
　　http://www.laichushu.com
电　　话： 010-82004826
社　　址： 北京市海淀区气象路 50 号院　　**邮　　编：** 100081
责编电话： 010-82000860 转 8534　　**责编邮箱：** anyaodong@cnipr.com
发行电话： 010-82000860 转 8101　　**发行传真：** 010-82000893
印　　刷： 北京九州迅驰传媒文化有限公司　　**经　　销：** 各大网上书店、新华书店及相关专业书店
开　　本： 720mm×1000mm　1/16　　**印　　张：** 14.25
版　　次： 2021 年 6 月第 1 版　　**印　　次：** 2021 年 6 月第 1 次印刷
字　　数： 215 千字　　**定　　价：** 78.00 元

ISBN 978-7-5130-7440-7

前　言

我国《国家中长期教育改革和发展规划纲要（2010—2020年）》和《关于全面提高高等教育质量的若干意见》都明确提出树立以提高质量为核心的教育发展观，建立健全各级各类教育质量国家标准。教育部高等教育司司长吴岩表示，质量为王、标准先行，制定颁布《普通高等学校本科专业类教学质量国家标准》对建设中国特色、世界水平的高等教育质量标准体系具有重要的标志性意义。教育质量标准是指引教育发展的指挥棒，是规范和评价教育发展的依据。对于高等教育来说，由于高等学校类型、人才培养目标以及教育内容更为多样化，高等教育质量标准的研发难度更大，任务也更为艰巨。

从世界范围看，很多发达国家和国际教育组织都积极推进高等教育质量标准的研究和实践，从不同的视角和层面对高等教育质量进行整体的规范和评估，并且取得了丰富的经验和较好的成绩。所以，我国在建立高等教育质量标准时，特别需要深入考察世界高等教育质量标准的现状，分析其类型并把握其趋势，由其优点和特征出发作为借鉴和参考，为建设既符合我国高等教育发展的实际又具有国际领先水平的高等教育质量标准奠定基础。

本书是笔者在全国教育科学规划教育部重点课题“高等教育质量标准国际比较研究”的基础上完成的，也是笔者这些年从事高等教育质量与管理相关研究的成果。

本书以院校为载体，以人才培养为核心的中观层面的教育质量及标准为研究对象，通过文献梳理、比较研究、理论研究以及专家咨询等方法厘清高等教育质量的本质，分析国际高等教育质量评价标准的现状和趋势，最后提出适合我国国情的高等教育质量标准框架结构，希望能为我国高等教育质量标准的建设提供有用的参考。本书共八章，其中前七章为主要论述部分，可分为三部分。

第一部分（第一章和第二章），高等教育质量及标准的理论研究。本部分对高等教育、质量、标准等基本概念的内涵、外延、本质、特点、层次和类型等进行了详细的分析，试图抓住高等教育质量的本质，明确定位高等教育质量标准。本部分认为高等教育质量是高等教育机构在遵循自身发展规律的前提下，所培养的人才规格满足个体和社会需求的程度，是“目标实现”与“需求满足”的统一，其本质是人才培养质量。高等教育质量标准是判断高等教育质量的基本依据与参照，是对高等教育某些领域或整体进行价值判断的基准线。作为评判高等教育质量的“标尺”，高等教育质量标准要解决的核心问题是“高等教育要培养什么样的人以及怎样培养”。

第二部分（第三章和第四章），高等教育质量标准的国际比较研究。通过分析英国、美国、俄罗斯、欧洲高等教育区、经合组织以及联合国教科文组织等高等教育评价方式和标准，归纳总结了目前国际高等教育质量标准的现状和趋势。研究发现，目前国际上大体存在四种类型的质量标准——基于条件的质量标准、基于绩效的质量标准、基于学术资历框架的质量标准和基于学生学业成就的质量标准，进而得出未来国际高等教育质量标准发展的趋势特征，包括标准的制定主体从单一到多元；标准的价值取向从合格到增值；标准的制定方法从量化到质化；标准的功能从鉴定到促进发展等。

第三部分（第五章～第七章），高等教育质量标准构建研究。通过理论研究、国际比较以及对我国现实的分析，尝试设计我国高等教育质量标准框架。本书提出了构建质量标准的理论依据、价值取向、质量观、指导思想、制定主体、组织架构、制定原则、制定路径和方法。以高等教育人才培养为逻辑起点，以高等教育分类为前提，以满足个体和社会的需求为根本；基于人才培养目标的不同，高等教育质量标准分为创新型高等教育质量标准、应用型高等教育质量标准和技能型高等教育质量标准；基于CIPP（Context，Input，Process，Product，情境—输入—过程—成果评价）模式和人才培养全过程，高等教育质量标准的维度分为培养目标、教学过程、保障条件和结果评价；通过对标准、维度和关键要素的分析，提出了我国高等教育质量标准的总体框架。最后，对三类高等教育类型，即创新型高等教育、应用型高等教育和技能型高等教育的分类标准做了简单的论述，重点分析了不同类型高等教育在学业质量、质量保障以及质量评价方面的要求和准则。

目 录

第一章　绪论

第一节　研究问题的提出

一、问题的提出

大学，你的质量怎么量?

大学，不是以学生数量而称胜。质量，才是大学立足的根本。而为大学设立系统化的质量标准，无疑是丈量大学质量的标尺。从这个意义来看，质量标准是高等教育活动的出发点和归宿，是大学发展的必由之路。[1]

其实，从某种意义上来说，质量标准自从大学产生伊始就客观存在。那时的大学在“象牙塔”中孤独而清高地研究着“高深学问”。大学所培养的学生也以知识的接受和传递为主，人才培养规格和标准也以“学术性”为基本价值判断取向。教师掌握着评价的标尺。质量标准，似乎没有谈论的意义。

当大学开始从“象牙塔”走向社会的中心，特别是高等教育进入大众化阶段，高等教育的形式、类型、结构、利益主体以及生源开始越来越复杂，高等教育所承载的任务和使命也越来越重大，高等教育质量问题赫然成为各国所要面对的突出问题。由于高等教育的复杂性以及各利益主体对质量的诉求有差异，甚至大相径庭，所以判断质量的标尺变得“扑朔迷

---

[1] 刘振天．大学，质量怎么量［N］．光明日报，2011－09－19（16）．

离"，难以达成共识。

倘若我们以大学的基础设施、教师水平、科研经费等条件来作为评判教育质量的标准，纵然大学有雄厚的科研经费、先进的教学设备、声誉卓越的教授，但是如果这些优越的条件与学生不产生关系，学生不能参与到实际的科研活动中，知名教授根本不给学生上课，一心只搞科研，那么，这些优越的条件是"教育"吗？教育是培养人的活动。没有学生的参与，何谈"教育"？何谈"教育质量"？

倘若我们以毕业生的就业质量作为评判教育质量的标准，基本假设是教育质量高，所培养的学生就业率就高，毕业后的工资收入、福利待遇就高。现实是如此吗？一个毕业于名牌大学的经济学、金融学、计算机学的学生，工作没几年，年收入就可能达到二三十万元。可是同样一所学校的历史学、教育学的毕业生，哪怕读到博士，要想得到几十万元的年薪也是非常困难的。难道说，经济学、金融学的教育质量就一定比历史学、教育学的质量高吗？假如后者不服气，硬说自己的教育质量高的话，那么为什么你培养的学生就业如此困难，收入少得如此可怜呢？

高等教育发展到如此，还有质量的标准吗？倘若已经没有标准的话，又怎么来评价、比较和检测质量呢？

提高高等教育质量，探索评价质量的标准已经成为世界各国迫切需要攻克的难题。2009 年世界高等教育大会提出，"扩大入学给高等教育质量带来了挑战，质量保障是当前高等教育至关重要的任务，质量标准必须反映高等教育的总体目标，鼓励创新和多样性"❶。这为各国研究高等教育质量内涵，制定高等教育质量标准指明了方向。

从世界范围看，各国都通过相关立法、政策保障体系，建立和完善国家教育质量标准。重视教育质量标准已成为各国提升教育质量的必然抉择，成为不约而同的政策指向和行动纲领。澳大利亚政府于 2011 年出台《提高高等教育质量》专项政策，投入 13 亿美元用于提升高校的教学质量，并建立

---

❶ 联合国教科文组织．社会变革与高等教育发展新动力——2009 年世界高等教育大会公报 [EB/OL]．(2009－07－05) [2018－08－01]．http：//wenku. baidu. com/view/66755b0702020740be1e9b58. html.

了“高等教育质量和标准局”这一国家层面的高等教育管理机构，以重塑高等教育国家监管与质量保障环境。[1] 经合组织（Organization for Economic Co－operation and Development，OECD）于2010年积极研究推广以学生学业为高等教育质量标准的高等教育学习成就测量（the Assessment of Higher Education Learning Outcomes，AHELO），成为高等教育领域引人注目的改革之一。

我国高等教育自1999年扩招以来，规模快速扩大，高等教育质量问题成为政府、社会、高校关注的问题。高等教育质量问题是一个动态的、复杂的问题，在不同的发展模式和发展阶段，人们对高等教育质量的认识也不同。目前，我国高等教育发展已经迈向普及化发展阶段，2019年，全国各类高等教育在学总规模4002万人，高等教育毛入学率51.6%，已基本形成了一个办学方式、教育类型、服务形式等多样化、具有中国特色的高等教育体系。与世界其他国家相比，我国高等教育的发展模式和发展路径有着鲜明特色，亟需一套更加符合中国发展实际的高等教育质量评价标准，指导中国高等教育的科学发展。

我国《教育改革和发展规划纲要（2010—2020年）》以及《关于全面提高高等教育质量的若干意见》（以下简称《高教30条》）都明确提出树立以提高质量为核心的教育发展观，建立健全各级各类教育质量国家标准，建立健全教育质量保障体系。

本研究是在教育部委托课题《高等教育质量分类标准研究》基础上进行的。课题组会集了教育部高等教育教学评估中心、大连理工大学、北京航空航天大学、中国传媒大学、常熟理工学院、长春工业大学以及北京市教育科学研究院的诸多专家学者进行了为期2年的研究。笔者全程参与了课题的研究，并负责了其中的一部分。本研究是在诸多专家学者的指导下展开的，吸纳了课题组的一些思想和观点。

二、研究意义

高等教育质量标准是高等教育改革发展目标的支撑，承载和体现着国

---

[1] Advancing quality in higher education［EB/OL］.（2011－12－01）［2018－03－16］. http：//www. deewr. gov. au/HigherEducation/Policy/Pages/AdvancingQuality. aspx

家教育方针、教育目的和各级各类高等教育的培养目标要求，承载和体现着检验人才质量规格的根本任务。❶“质量标准”从一开始就是一个热点问题。如何科学地认识、把握、判断和评价高等教育质量，是近年来我国以及国际高等教育界一直努力探究的课题，但至今尚未形成统一认识。本书以高等教育质量国家标准为研究对象有着重要的理论和现实意义。

（一）理论意义

（1）有利于在理论认识层面进一步深化对高等教育质量的研究，能在一定程度上突破研究困境，丰富质量标准的研究成果。目前我国还没有建立高等教育质量标准。现有的有关高等教育质量的规定、条例等比较零散、宽泛，没有形成完整的体系。比如，1980 年通过的《中华人民共和国学位管理条例》，只是一个宏观性的条例，缺少可操作性。我国大多数院校都有培养计划、课程大纲，但对学生学习结果的质量要求也大多是比较宏观而含糊。

（2）有利于丰富高等教育质量标准的国别研究，实现与国际高等教育质量接轨。高等教育质量标准不但具有国际性，而且具有历史性和地域性。每个国家的教育质量标准都不完全相同，因为质量标准和一个国家的经济发展、教育制度密切相关。研究适合我国国情的高等教育质量标准无疑会丰富世界高等教育质量标准的类型，为世界高等教育质量标准的研究添砖加瓦。

（3）教育质量标准是国家教育制度的组成部分和根本规范，同时也是教育质量评价体系的重要组成部分。我国高等教育评估工作虽然取得了很大成绩，但还远不完善，其中没有高等教育质量国家标准更是一大缺憾。另外，没有基本的质量标准，高校在建立质量保障体系时缺乏必要的指导和依据。所以，研究高等教育质量标准能够为国家和高校建立与完善教育质量保障体系和评价体系提供理论依据和基础。

（二）现实意义

（1）有利于建设人力资源强国、提高国家竞争力。教育质量标准反映

---

❶ 李希贵．制定教育标准，坚持“学生第一”［N］．人民日报，2012－11－16（17）．

了一个国家发展对人才的质量要求，决定了一个国家未来的人才素质。建立科学合理高水平的质量标准在某种程度上已经决定了所培养的人才质量，从而也深刻影响到一个国家的人力资源水平和国家的综合竞争力。

（2）为有效评价和诊断教育问题提供参照系。众所周知，没有质量标准，就无法运用有效手段和方法去评价教育计划和方案的有效性。质量标准的制定有利于改进高等教育的评价与诊断制度。高等院校、教育行政部门以及学生个体都可以用作评价、检测教育质量的依据。

（3）为政府的教育行政职能转变创造了良好条件。标准的制定和实施，有利于改变政府管理部门主要靠行政指导、行政干预的教育管理方式。高等院校以质量标准为基本依据，将拥有更多的自主权力，依法规范办学行为，发挥自己的优势，保证教育事业的顺利运行。

（4）更加合理有效地配置教育资源。以标准化、规范化的方式和手段，来合理配置教育资源，已越来越成为教育事业发展的现实选择。基于标准的教育资源配置，提供了共同认可和遵守的基本准则，可以减少教育内外部之间、教育系统内部各级各类教育之间的矛盾。[1]

（5）以“标准”为抓手，引导高校合理有序发展。目前不少高校盲目升格，互相攀比，一个重要原因就是国家缺乏基本的质量标准。建立高等教育质量标准，特别是针对不同的高校类型和层次制定不同的质量标准是引导高校自主定位，有序发展的有力措施和手段。

第二节　相关研究综述[2]

一、国内有关高等教育质量标准的研究

（一）高等教育质量标准的总体研究

顾明远主编的《教育大辞典》中记载，衡量高等教育质量的标准是教

---

[1] 高宝立．高等教育质量标准与评价［J］．大学（学术版），2010（5）．

[2] 本部分参考了“高等教育质量分类标准研究”课题组成员王保华教授的分析框架和部分内容。

育目的和各级各类学校的培养目标。潘懋元教授将高等教育质量标准分为两个层次，一个是一般的基本质量要求，一个是具体的人才合格标准。[1]工伟廉教授认为高等教育标准问题涉及市场与学术、长远利益与当前利益、针对性与适应性、道德与才能、适应性与创造性五个方面。[2] 中国教育科学研究院的研究人员在《高等教育质量标准与评价》一文中广泛而深入地探讨了高等教育质量标准的定义、高等教育质量标准的制定以及质量标准的监测等问题。[3]

（二）高等教育质量标准的价值取向的研究

高等教育质量标准的价值取向，决定着标准体系的内容。谢维和教授认为目前高等教育的标准有两个非常重要的基本取向：一个是根据高等教育本身的学术规范和基本价值来建立高等教育大众化的质量标准；另一个是在高等教育大众化过程中强调高等教育应该满足劳动力市场的要求，接受客户要求的质量标准。[4] 傅宝英将高等教育质量标准的价值取向分为学术、社会和综合三类，并以这三个价值取向为分析基准，探讨了高等教育质量标准的十个维度（学术、职业、管理、效率、成本、国际标准化、社会满意、理想化标准、人才、市场）。[5]

（三）大众化教育阶段高等教育质量标准的研究

从某种程度上说，对高等教育质量标准的重视源于高等教育大众化的到来。精英时代高等教育的质量标准毫无例外地是培养学术型和社会精英。大众化时代，人才标准发生了变化，高等教育的质量标准变得更为多样化。董泽芳等人对大众化教育质量标准的多样性、统一性做了不同角度的分析和阐述。[6] 柏昌利也运用现代教育理念对高等教育质量标准体系的

---

[1] 潘懋元，王伟廉．高等教育学［M］．福州：福建教育出版社，1995：123.

[2] 王伟廉．21 世纪初中国高等教育质量问题解析［J］．新华文摘，2001（1）.

[3] 王春春．高等教育质量标准与评价［J］．大学（学术版），2010（5）.

[4] 谢维和．中国高等教育质量中的结构问题［J］．高教探索，2008（6）.

[5] 傅宝英．高等教育质量标准的价值取向与维度分析［J］．现代教育科学，2005（1）.

[6] 董泽芳，陈文娇．论我国高等教育质量标准的多样性与统一性［J］．高等教育研究，2010（1）.

内涵及构成要素进行了探析和划分，认为大众高等教育质量标准是有多样性标准构成的标准体系，由一般质量标准和具体质量标准两个方面构成。一般质量标准是不同层次、不同类型的高校共有的质量标准，具体质量标准是由若干个不同的质量标准体系构成。[1] 李华萍通过对高等教育普及化的内外部环境特征进行分析，从高等教育质量观、高等教育质量的话语权、高等教育评价活动三个声称要素论述了普及化时代高等教育质量的四类标准：资源价值取向的质量标准、知识价值取向的质量标准、消费者价值取向的质量标准、自我价值取向的质量标准，并对每类质量标准用一定的评价指标进行了详细解说。[2]

（四）高等教育质量标准分类的研究

陈玉琨教授根据教育质量观的不同将高等教育质量标准划分为内适性质量标准、外适性质量标准和个适性质量标准。[3] 周泉兴认为，不同类型的院校使用的人才培养标准也有所区别，研究型大学的质量标准应该侧重于学术型，教学科研型或教学型高校应追求应用型标准，而高职高专则应当追求职业型。每个学科类型都有一般标准和具体标准之分，一般标准反映了国家的教育要求，具体标准反映了行业和院校的要求和特色。[4] 王学提出，根据高等教育的培养目标可以划分为培养学生的知识、能力和素质几个方面，所以，高校培养和评价创新人才的标准应该包括创新知识系统、创新能力系统、创新素质因素三方面的标准。[5] 史娜对教育质量标准进行"质标"和"量标"的分类，用教育效益理论对教育质量标准的评价问题做出较为系统和全面的探讨。[6] 吴雪认为应该根高校专业的不同来制定不同的质量标准，如建筑、医学、法律等专业的毕业生从业需要相应的

---

[1] 柏昌利，周燕来．大众化背景下高等教育质量标准体系［J］．长安大学学报，2010（1）．

[2] 李华萍．高等教育普及化及质量标准研究［D］．上海：华东师范大学，2006．

[3] 陈玉琨，等．高等教育质量保障体系概论［M］．北京：北京师范大学出版社，2004：33．

[4] 周泉兴．高等教育质量标准：特征、价值取向及结构体系［J］．江苏高教，2004（3）．

[5] 王学．高校创新人才质量标准与创造性教学［J］．河南财政税务高等专科学校学报，2004（5）．

[6] 史娜．教育质量标准探析［D］．西安：陕西师范大学，2008．

执业资格证；财经、经济等专业的毕业生要求专业人才培养的应用性。[1]

（五）学科、专业标准的研究和不同类型高等教育质量标准的研究

肖化移在指出普通高等教育与高等职业教育标准的不同，并提出了两类教育的质量标准指标体系。[2] 周倩的《专业标准：从萌芽走向成熟》则对专业标准从特质理论、控制理论到历史发展理论的历史发展做了回顾，在此基础上提出了成熟的专业标准应该包括高深专门化的知识和技能、健全的教育和培训系统、同业人员组成的高度自治的组织、完善的组织章程和伦理规范、国家的法律保障，以服务为定向，通过创造效益满足客户和公众需求六个方面。[3] 李志义等结合教育部项目，以普通高校装备与控制工程本科专业为例，提出了包含专业优势、师资队伍、课程与教材、实践教学、教学改革与创新教育、教风与学风、教学管理、教学效果八个一级指标的专业评估指标体系。[4] 曹梅娟的《高等护理教育研究质量标准构建的理念和策略研究》对高等护理教育质量标准的内涵进行界定，在比较和分析国际高等护理教育及其质量标准研究发展的基础上，探讨我国高等护理教育特点及本质质量标准构建理念，得出一个高等护理教育质量标准逻辑体系的基本框架，并对标准构建的原则、方法和过程进行探讨。[5]

（六）建立教育质量国家标准的探索

中国教科院王素认为从整个教育质量国家标准的实施来看，第一，是要有一定的机构负责协调并制定标准步骤和方法；第二，是在研究过程中要有专设的机构，实施步骤和监测方法，无论是外部评估、同级评估，都要按照程序进行操作；第三，就是学校要有自评和学校同级的评估；第四，是结果的发布。她建议按照发达国家目前的发展趋势整合现有的教育质量管理相关机构，筹备成立国家教育质量标准局，以此来整合各种不同

---

[1] 吴雪．我国高等教育专业评估体制研究［D］．厦门：厦门大学，2007.

[2] 肖化移．高等职业教育质量标准研究［D］．上海：华东师范大学，2004.

[3] 周倩．专业标准：从萌芽走向成熟［J］．现代大学教育，2008（6）.

[4] 李志义，等．普通高校本科专业评估指标体系探讨［J］．高等工程教育研究，2007（3）.

[5] 曹梅娟．高等护理教育研究质量标准构建的理念和策略研究［D］．上海：第二军医大学，2007.

的标准机构，进行组织、协调、管理，可能更利于这项工作的推动。❶

西南大学赵伶俐教授对高等教育人才培养、学科研究、社会服务、文化传承等目标、功能进行逐层分界，构成四维质量标准体系。她认为国家来制定四维质量指标体系框架和基本质量指标，地区根据本地社会经济文化发展需求调整和添加指标，各级各类学校根据自己的人才、专业和办学特色调整和添加指标，学生根据自己的具体情况和兴趣调整和添加指标。这样，便形成了既有国家同一性，又有地方、学校、个体特色和自主自由发展空间的高等教育四维四级质量指标体系。❷

二、国外对高等教育质量标准的研究和实践

（一）国外学者对高等教育质量标准的研究

国外学者对高等教育质量标准的研究主要集中在高等教育质量的内容、高等教育质量的维度以及评价高等教育质量的标准等方面。下面选取部分有代表性的学者的观点。

拉尔夫·A. 沃尔夫（Ralph A. Wolf）等在 *Accreditation and Accountability: Can Reforms Match Increasing Demands* 中提出判断质量的三个维度：投入维度、评估维度和结果维度。投入维度包括：资源、结构、政策；评估维度包括：课程审批、教学计划评审、教师发展；结果维度包括：学习结果、证书结果、测验结果、学业记录结果。❸

罗马达尼·阿尔迪（Romadhani Ardi）在 *Investigating Relationships among Quality Dimensions in Higher Education* 中把高等教育质量分为 7 个维度：学院的领导和支持、院系管理和承诺、课程、校园设施、制度保障、信息反馈和满意度。其中满意度包括对前面学院的领导和支持、院系管理

❶ 袁振国. 中国教育政策评论［M］. 北京：中国教育科学出版社，2010：45.

❷ 赵伶俐. 以人才质量为核心统摄教育质量——兼论“六维四级”人才质量标准与监测［J］. 人民教育，2012（10）.

❸ WOLFF R A. Achieving accountability in higher education: balancing public, academic, and market demands［M］// BURKE J C. Achieving accountability in higher education. San Francisco: Jossey Bass, 2004: 28.

和承诺、课程、校园设施、制度保障和信息反馈 6 项的满意。❶

史蒂芬·拉格罗森（Stefan Lagrosen）等在 *Examination of the Dimensions of Quality in Higher Education* 中提出了高等教育质量的 11 个维度：①企业合作：课程与企业联合创建、教师拥有商业经验、对企业界的贡献等。②信息和反馈：学习信息、职业信息和指导、校友联系等。③课程：客座教师的课程、外语讲授的课程、短期项目。④校园设施：酒吧和咖啡店、学生住宿等。⑤教学实践：课程设计和内容、国外学习机会。⑥内部评价：课程评价、表达评价。⑦外部评估：同行审查、外部评价。⑧电脑设施。⑨协作和比较：国际比较标准、国内合作、参与和互动等。⑩研究：研究性学习、获得科研的能力、教师从事科研情况等。⑪图书馆资源等。❷

迪恩·纽鲍尔（Deane E. Neubauer）在 *Constructing a General Framework for Quality Evaluation in Higher Education* 中提出评价教育质量的四个维度，简称 4E 模型：环境（Environment）、参与（Engagement）、增强（Enhancement）和效率（Effectiveness）。①教育环境：高校运作的基本条件，包括基础设施、财政和人力资源。②参与：参与因素涉及高等教育质量的决定性因子。学生在大学做了什么事，他们怎样使用机构的资源进行学习，以及对他们日后的成功具有决定性的影响。③增强：质量增强框架的五重指标被描述为系统化的质量流程，包括内部事务审查、以增强为目标的体制审查、向公众披露关于质量的信息、学生参与到质量进程之中和全国增强的主体。④效率：衡量效率可以采用技术性的方法来观测高校将投入转化为产出的能力。动态的效率则是指随着学生的要求和技术手段的变化，高校对其服务模式进行相应调整的能力。❸

哈维和奈特（Harvey L. & Knight P.）在 *Transforming Higher Education*

---

❶ ARDI R. Investigating relationships among quality dimensions in higher education [J]. Quality assurance in education, 2012, 20 (4).

❷ LAGROSEN S, et al. Examination of the dimensions of quality in higher education [J]. Quality assurance in education: an international perspective, 2004, 12 (2).

❸ NEUBAUER D E. Constructing a general framework for quality evaluation in higher education [J]. 亚太地区高等教育质量与公共利益 [M]. 史静寰，译. 上海：华东师范大学出版社，2012：162 – 172.

一书中提出高等教育领域内标准可以分为：学术标准、能力标准和服务标准，这三者实际上都是围绕满足学生发展需求而制定的。学术标准强调培养学生学习满足学术规定需要的程度；能力标准强调学生专业能力水平达到要求的程度；服务标准强调院校的服务提供和设施设备能够满足学生发展需要的程度。❶

约翰·布伦南（John Brennan）在《高等教育质量管理——一个关于高等院校评估和改革的国际性观点》中指出高等教育存在四种质量的标准。第一种是以传统的学术标准为基础的；第二种类型注重我们称为“行政上”的标准；第三种类型注重我们所谓的“教育学”标准；第四种类型注重就业状况……这种方法考虑到用人单位的需求，而这些用户被认为是毕业生的雇主。它倾向于关注特定学科以及高质量教育的核心特征。❷

范·布鲁根（Van Bruggen）等提出了高等教育质量的四项一般标准：①高等教育的目标与学生学习的每一个专业之间的一致性，以便学生将来生活在一个灵活多变的专业世界中。②课程内容与基础知识的最新发展之间的一致性。③毕业生的知识能力以及态度的标准与高等教育的结果之间的一致性。④专业的资源与组织等。❸

美国学者格瑞格尔（Grigal M.）提出了大学的质量标准应该包括八个方面：学术能力、职业发展、团队精神、自主性、学习与实践相结合、协调与合作、可持续发展、自我评价的不断发展。❹

博耶尔（Boyer P.）认为一所优质大学的重要特质应包含：师生互动良好、课堂与课外均有充分学习的机会、有良好设计的通识课程、帮助学生精熟生涯成功的技能、教师能从教学中帮助学生愿意接受学习的挑战。

---

❶ HARVEY L, KNIGHT P. Transforming higher education [M]. Buckingham: Open University Press and Society for Research into Higher Education, 1996: 15－18.

❷ 布伦南．高等教育质量管理——一个关于高等院校评估和改革的国际性观点［M］．上海：华东师范大学出版社，2004：19－39.

❸ VAN BRUGGEN J C V, SCHEELE J P, WESTERHEIJDEN D F. To be continued. Syntheses and trends in follow－up of quality assurance in West European higher education [J]. European journal for education law & policy, 1998, 2 (2): 155－163..

❹ GRIGAL M. Think college standards quality lndicators and benchmarks for inclusive higher education [R]. Boston: University of Massachusetts Boston, Institute for Community Inclusion, 2011.

他认为教育质量的定义或包含范围广泛，且教育质量与学生期待或满意度有密切关系。[1]

哈米什·科茨（Hamish Coates）在 *Defining and Monitoring Academic Standards in Australian Higher Education* 中提出通过过程和层次分别来界定质量的标准和维度，从横向全过程分为输入、过程和结果；从层次上分为学生、教师和结构，以此构建了评价高等教育质量的矩阵模型，见表 1.1。[2]

表 1.1　哈米什·科茨的质量标准维度

层次	输入	过程	结果
学生	入学水平 入学途径 学生的多样性 学生的特点 学生的期望	学生参与 保持率与进步	毕业率 毕业生命运去向 学习成绩成就 毕业生能力 就业准备 满意度
教师	教师特点 大学文化同化 教育资源 课程	教学过程 课程管理 支持体系	教学经验 教学资源
机构学校	学校特点 学校资源 与企业联系	学术治理 学生管理 学术文化 教职员工发展 质量体系	学校发展 学校声誉 社区参与

安妮·马丁森（Anne Martensen）在 *Quality in Higher Education: Linking Graduates' Competencies and Employers' Needs* 中提出毕业生能力分为专业能力和个体能力。专业能力包括：所学领域的深层知识、宽广的专业知

---

[1] BOYER P. College rankings exposed: getting beyond the rankings myth to find your perfect college [M]. Lawrenceville, NJ: Peterson's, 2003: 33.

[2] COATES H. Defining and monitoring academic standards in Australian higher education [J]. Higher education management and policy, 2010, 22 (1).

识、语言能力、IT 能力、交流能力、商业知识、理论知识应用能力、创造结果的能力等；个体能力包括：灵活可塑性、奉献、合作能力、适应能力、学习尝试新事物的能力、跨文化理解、结果取向、管理能力等。[1]

莫林·塔姆（Maureen Tam）在 *Measuring the Effect of Higher Education on University Students* 中提出从四个层面评价大学毕业生的质量标准：①专业或职业获得：获取的知识和技能、获得在某些学术和职业领域的背景、获得与职业相关的信息、熟练掌握计算机。②个人发展收获：独立和自立、建立价值和道德标准、理解自己的能力、兴趣和个性、理解别人并能友好相处、强烈的社会责任意识、作为团队成员的能力。③通识教育收获：获得国际视野和跨文化视角、清晰而有效的书面表达、能够理解意识到不同的哲学和文化、有能力适应改变、用英语较好的交流的能力、用母语较好交流能力。④智力收获：分析和解决问题的能力、批判性思考能力、综合分析能力、独立学习能力、探索观点并获取信息能力、接受不同观点和意见的能力。[2]

（二）国外高等教育质量标准实践

1. 专业质量标准

从有关材料来看，按照专业标准并进而进行专业评估或专业排名的方式在国外主要有几下几种模式：①专业评估主导型。如荷兰，不对大学整体办学资格或水平进行评估，而是由大学协会和高等职业教育协会组成各种专业访问委员会，对全国所有专业进行旅行式访问、评估。②专业评估与院校评估并重型。如美国，高等教育评估由两部分组成，院校鉴定和专业鉴定，两者并重，缺一不可，对于一所高校来说，既要通过学校鉴定又要通过专业鉴定。③专业评估从属型。如英国，高等教育基金委员会根据高等教育质量委员会对大学和学科的质量审计结果进行拨款，而在审计过程中仅仅是部分地参考了职业团体的专业评价结果。总的来说，不论哪种

---

[1] MARTENSEN A. Quality in higher education: linking graduates' competencies and employers' needs [J]. International journal of quality and service sciences, 2009, 1 (1).

[2] TAM M. Measuring the effect of higher education on university students [J]. Quality assurance in education: an international perspective, 2002, 10 (4).

模式，都制定有具体的专业质量标准。

2. 学科排名研究

国外针对一级学科为对象的排名很多，其目的是让政府和社会了解各高校各学科的实力，其结果可能影响政府对高校的拨款甚至所实施的政策影响，还有可能影响社会地位和声誉，从而影响其生源质量和毕业生就业市场的潜力。其中影响比较大的如《美国新闻与世界报道》每年举行的对美国高校及部分学科如医学、商学、教育学、法学、教育学等进行的排名活动。从其评估标准看，相对来说比较简略，比较注重各高校同一学科的可比性指标和学术声誉。不同的学科有不同的指标体系。对商学和法学两个学科的评估指标体系来看，其指标设置具有如下特点：一是注重美国高校的特点，如申请者录取率和大学生平均学分绩点成绩等。二是特别注重声誉指标。三是注重各学科的指标可比性。四是注意到了各学科的特点，各学科指标有所区别。五是设置了学生培养质量指标。六是这些指标体系都未设置规模指标，如诺贝尔奖人数、教授人数、博士生和硕士生在校规模等。

3. 大学排名研究

大学排名主要是按照大学的综合实力而进行的，也是一种对大学质量的评价形式。大学排行始自美国。大学排行的核心内容是指标体系或标准。综观世界著名大学排行，其指标体系虽然差别很大，但总体来说，主要有三类指标：一是办学条件类指标，比如师资、硬件设施、资金等——反映了学校能够给学生提供的教学和学习的条件；二是社会声誉类指标，比如学术声誉、校友捐赠、生源质量等——反映了学校在社会公众心目中的水平；三是学生服务支持类指标，比如小班授课率、保持率、毕业率、就业率、获得学位比率、学生满意度等——主要反映学校为学生顺利学习和毕业提供服务的质量和效益。

4. 绩效的标准

有一类院校评价的标准是侧重学校办学绩效的标准，代表为美国的波多里奇质量奖“卓越绩效教育标准”。美国的任何一所中小学或高等院校都有权利申请这一美国最高质量奖。其标准主要有领导、战略策略、学生和受益者重心、信息与分析、教师和员工中心、教育和支持性过程管理、学校绩效结果六大领域。其理念主要是基于学校自身发展的纵向发展比较。

5. 学生学习经验和效果研究

近年来，随着高等教育质量观的演变和发展，重视学生的学习，学生在校的学习经验以及学习效果成为一种发展趋势。随之，对学生学习经验、学习效果或者学习产出等方面的研究和运用引入日益广泛。其中，较具有影响力的主要有以下几类。

（1）美国全美大学生学习性投入。

美国全美大学生学习性投入是美国最流行的评价本科高等院校教育质量的标准之一。大学生学习性投入的目的不是评价和排名，而是院校质量的改进。所建立的学生学习性投入方面主要有五个标准：学习的严格要求程度、主动合作学习水平、师生互动水平、教育经验的丰富程度、校园环境的支持程度。凭借其科学性、有效性及可操作性成为全美最为流行高等教育质量风向标之一。

（2）澳大利亚大学生活动参与情况调查。

澳大利亚大学生活动参与情况调查是由澳大利亚教育研究委员会于2007年开始进行的一项调查活动。该活动旨在大学内激发一个广泛讨论的新话题：大学生与其就读的大学之间的互动关系。澳大利亚大学生活动参与情况调查希望能够激发人们对于“大学生在接受高等教育的过程中积极参与学校各项活动”这一主题进行基于证据的分析与讨论。为此活动不仅提供了有关大学多元化的综合性与敏感性的资料，也希望帮助学校在监控与促进质量方面能够起到较大的作用。❶

（3）美国大学学院联合会的“关注学生学习成效”项目。

近年来，美国大学学院联合会启动了多个重大项目，以推动大学“关注学生学习成效”的实践。同时提出，大学不仅是传授知识的场所，而且

---

❶ 丁丽军．高等教育质量与标准：变革与完善——澳大利亚大学质量署2008论坛概述［J］．高教发展与评估，2009（3）．

是产生学习的机构，应从关注“教”走向关注“学”。通过构建以学习为中心的大学、提供实用自由教育、推进学生学习结果评价、确立优秀实践准则等方式提高办学水平。学校教育应该对学生的学习成效负责，培养有目的的学习者，为学生的成长和发展服务。

（4）经合组织高等教育学习成就测量。

2010 年 1 月，经合组织启动了高等教育学习成就测量。高等教育学习成就测量不仅是一个排名系统，更是对学生表现的直接评估。高等教育学习成就测量的测量对象是处于三年制或者四年制本科学位教育计划临近结束阶段的学生，直接测量学生的知识与技能。高等教育学习成就测量的内容主要有：第一，所有学生的通用技能，例如批判思维、分析推理、问题求解、书面交流等；第二，特定学科的技能，主要聚焦于经济与工程教育领域；第三，背景信息，确定数据与学生背景和学习环境的相关性；第四，增值测量，是指每一所大学在学生教育过程中提供的内容。

三、研究现状总结

综观国内外对高等教育质量标准的研究和实践，主要有以下几个方面的特点。

第一，从世界各国发展情况来看，越来越多的国家都更加重视教育质量的提高和保障工作。无论是哪一种体制的国家，都倾向于在不同的层面和角度对高等教育质量进行规范，并探索评价高等教育质量的标准。不少国家都设立了专门的机构来负责高等教育质量及标准的研究和开发工作。

第二，评价高等教育质量的形式多样，标准的制定越来越注重可比性与国际化。许多国家都在积极研究评价高等教育质量的形式和标准。不少国家和地区开始建立国家层面的质量标准体系以使教育质量有共同的基准线，以满足不同群体的价值追求。

第三，高等教育质量越来越聚焦到学生个体身上，对学生学习经验、学习效果或者学习产出等方面的研究和运用日益广泛。从开始的院校评价、学科评价、专业评价、大学综合实力评价到现在越来越关注学生个体的发展。教育质量最终要体现在学生身上，重视学生在校的学习经验以及学习效果成为一种发展趋势。

第四，我国对教育质量标准的研究处于探索阶段，研究人员以及研究成果还较少，需要大量专家学者进行深入系统的研究。

第三节　研究思路与方法

一、研究对象和研究目的

1. 研究对象

本书以高等教育质量标准为研究对象，试图构建符合我国国情的高等教育质量标准框架体系。由于高等教育以及质量本身极其复杂，不同的人或不同的情境下所谈论的高等教育质量可能会大相径庭。所以，笔者需要在此明确本研究的对象。

对于高等教育质量来说，一般包括三个层面：一是宏观的高等教育质量，指的是整个国家的高等教育系统的质量，包括所有的形式和类型。主要涉及整个高等教育体系对社会经济、政治的贡献和影响；二是中观层面的高等教育质量，指的是院校人才培养的质量，即具体的人才培养的规格和标准，包括影响人才培养的各种因素质量；三是微观层面的高等教育质量，主要指的高等教育机构内部的教学质量、课程质量等。本研究主要定位于中观层面的高等教育质量。当然，高等教育质量的这三个层面不是彼此割裂的，而是彼此镶嵌，相辅相成的。所以，本书中的高等教育质量以中观层面为主，也会涉及宏观层面和微观层面的内容，重点是以人才培养为核心的正规全日制形式的高等教育的质量标准。

2. 研究目标

本书旨在对高等教育质量标准做深入细致的梳理和研究，力图能找到高等教育质量的本质，在质量标准的理论方面、国际经验方面以及标准的框架和维度选择方面能有较为深入的分析，为我国建立科学合理的国家质量标准体系提供有价值的观点和建议等。

二、研究内容

本书的研究内容包括三部分：一是高等教育质量标准的理论分析；二是高等教育质量标准的国际比较；三是我国高等教育质量国家标准的初步设计。

1. 高等教育质量标准的理论分析

由于高等教育、质量、标准等概念本身非常复杂，本书第一部分首先对这些概念的内涵、外延、本质、特点、层次和类型等基本理论问题进行详细的分析，力图能追本溯源，去伪存真，抓住高等教育质量的本质，明确定位高等教育质量标准。这是本书的基础，也是构建高等教育质量标准的理论基础。

2. 高等教育质量标准的国际比较

建立高等教育质量标准来促进高等教育质量的发展，是当前世界大多数国家的普遍做法。本书第二部分将用两章的篇幅详细论述几个发达国家和国际性组织对高等教育质量标准的研究和实践。研究内容包括美国的院校认证标准、卓越绩效教育标准、全国大学生学习投入调查；俄罗斯的高等教育国家标准；英国的高等教育质量新准则；联合国教科文组织的全面教育质量标准、欧洲高等教育区的学术资格标准以及经合组织的高等教育测评结果标准等。通过对这些标准的研究，分析当今世界高等教育质量标准的基本类型、框架模式以及发展趋势和重点，并对建立我国高等教育质量标准提供启示。

3. 我国高等教育质量标准的设计

通过对高等教育质量标准的理论分析和国际比较，本书第三部分试图构建符合我国国情的高等教育质量标准框架。

（1）研究建立高等教育质量标准的现实基础。标准的建立必须立足于现实，服务于现实。主要从我国高等教育自身的发展、经济社会对高等教育的要求、大学生的特点和质量诉求以及我国相关教育法律法规等方面分析建立标准的现实基础。

（2）分析建立高等教育质量标准的理论基础。本部分主要选择了相关性较高的高等教育利益相关者理论、人才结构类型理论、高等教育分类理论、全面质量管理理论以及学生参与理论等作为构建高等教育质量国家标准的理论基础，分别服务于标准制定的主体、模式、框架和维度等方面。

（3）论述建立我国高等教育质量标准的基本思路和理念。本部分主要分析高等教育质量标准建立的目的、应该秉承的价值取向、质量观以及指导思想。此部分目的是为标准的建立打好基础，定好调子，指明方向。

（4）主要研究建立高等教育质量标准的运行机制。探讨高等教育质量标准的制定主体、组织架构、基本原则、研发路径和具体的方法等。

（5）尝试构建我国高等教育质量标准体系。以人才培养作为高等教育质量标准构建的逻辑起点，通过人才分类、高等教育分类、框架维度选择以及最后的标准内涵分析和分类，构建一套适合国情的标准框架体系。

（6）尝试分析不同类型高等教育应该具有的具体质量准则和规范。

三、研究思路

本书依据“高等教育质量标准是什么”—“应该如何去建立标准”—“具体构建标准”的逻辑思路依次展开研究。研究路线见图 1.1。

（1）通过文献研究，考察国内外教育质量标准研究现状，把握教育质量标准研究趋势，明确高等教育、高等教育质量、高等教育质量标准等相关概念的内涵。

（2）通过比较研究，分析不同国家和地区对高等教育质量评价的理念、目的、方式和标准等。找出不同国家、地区高等教育质量标准的设计理念、基本结构和指标体系的特点、差异和共性。认真把握国际高等教育质量标准的最新理念和趋势，为建立我国质量标准提供经验。

（3）通过文献研究、访谈、调研等方法，分析我国当前的高等教育发展存在的突出问题、历史使命以及教育政策的取向等，把握好高等教育质量标准的现实基础。通过理论研究，为建立科学合理的标准奠定理论基础。

（4）在理论研究、文献研究、比较研究以及在课题组其他研究成果的基础上，提出构建我国高等教育质量标准设计理念、基本思路以及原则，

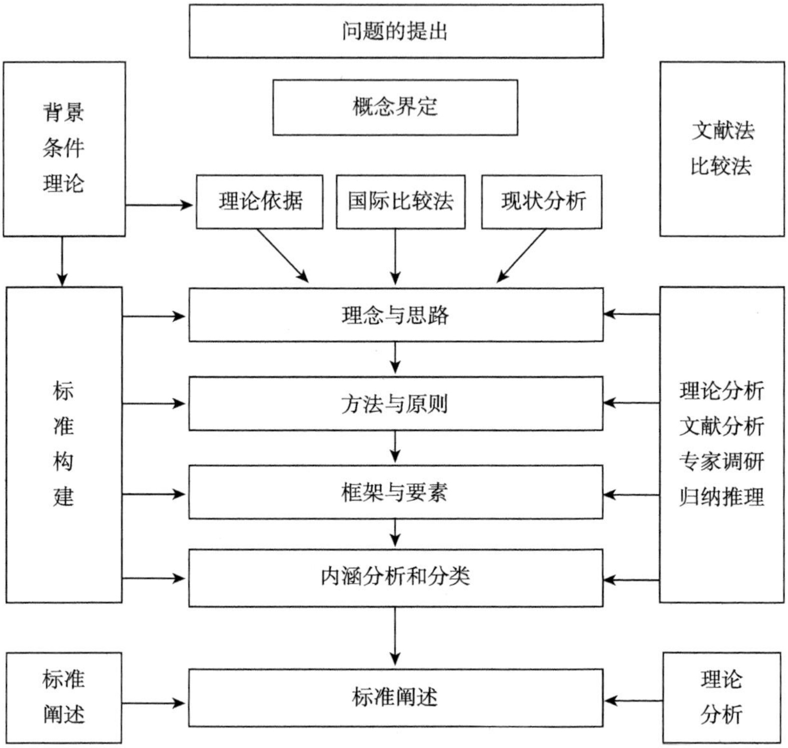

图 1.1 研究路线

并初步构建质量标准的框架体系。通过专家调研，修正其中的维度和标准。

四、研究方法

本研究主要采取的研究方法是定性研究方法，主要采用了文献分析法、比较研究法、理论分析法和专家调研法。

（1）文献分析法。本书侧重于理论层面的研究，文献分析是本书重要方法。充分利用国内外有关教育质量标准及其建构的相关资料，进行研究分析，以便获得详尽资料作为本书的基础。分析我国现有的教育法律法规以作为构建国家标准的依据。通过文献研究，厘清高等教育、高等教育质量、高等教育质量标准等相关概念的内涵和本质等。

（2）比较研究法。运用比较的研究方法，分析主要发达国家和国际性组织对高等教育质量评价的方式、目的、标准等。通过比较分析，找出世界高等教育质量标准的共性、差异和趋势，力图使本书构建的质量标准框架体系既符合我国国情又符合世界发展方向。

（3）理论分析法。通过理论分析明确高等教育质量的核心是人才培养质量；基于人才类型差异的理论分析，确定不同的人才培养类型。通过对高等教育培养目标的不同，尝试对高等教育进行分类。通过对人才培养整个过程的理论分析，确定评价人才培养质量标准的维度等。

（4）专家咨询法。主要对教育专家和四类核心利益相关者进行访谈，包括高等教育教学评估中心的有关专家、大学管理者和教师、学生、用人单位管理者等。调查不同利益相关者对高等教育质量标准的诉求和意见，力图使标准能客观公正，具有较好的公信力。

第二章　高等教育质量及其标准诠释

> “质量是什么？你知道它，可你又不知道它，它就是这样自相矛盾。虽然，一些事物确实比另一些事物好，就是说它们有更高的质量，但是，当你试图说明什么是质量时，除了具有质量的事物本身，却又无话可说了……如此翻来覆去，伤透脑筋，还是找不到思维的出路，质量究竟是什么？！”❶

“质量”被公认为学术研究中最难定义的概念之一。“对质量的认识就像葡萄酒评酒师评酒一样，在于个人的感觉。”❷ “教育质量”，特别是“高等教育质量”更是成为学术研究的“黑洞”。虽然对此学者进行了不懈的努力，但至今尚未形成统一的认识，甚至有学者声称根本不可能形成统一认识。笔者并不奢求得出公认的定义，旨在进一步明确高等教育质量的内涵与外延，从而为构建我国高等教育质量标准奠定基础。

第一节　高等教育与质量

任何与高等教育相关的研究都必须首先对什么是高等教育这一基本的概念有所回应。尤其是研究高等教育质量，更不能避免探究这个基础性的

---

❶ 林永柏. 关于高等教育质量概念的界定［J］. 教育科学，2007（6）.

❷ 同❶.

问题，因为对高等教育的理解从根本上决定了人们对高等教育质量的认识和判断。正如伦敦大学教育学院罗纳德·巴内特（Ronald Barnet）教授指出，“如果对高等教育这个概念没有清晰的认识，那么就不能形成可靠的高等教育质量概念。”❶

一、对高等教育的理解

高等教育是个历史性比较强的概念，并且一直处于不断发展变化中。自20世纪下半叶以来，随着高等教育进入大众化阶段以及终身教育思想的涌现，高等教育“出现的变化如此繁多，连给高等教育下定义都成了一项挑战性的工作”❷。总体上来说，学术界主要从两个层面或者说两种方式来界定高等教育：一种是从实践层面对高等教育进行经验性的描述；另一种是从学理层面对高等教育的性质做出研究。

（一）高等教育的界定

对高等教育的界定，一般是对高等教育现状进行描述，特别是高等教育的层次、结构、要素、任务、入学条件等，从形式上与其他教育类型区分，凸显其特征。这种定义具有较强的可操作性。

1. 联合国教科文组织对高等教育的定义

联合国教科文组织最早试图通过对世界不同国家高等教育现状做出事实和现象的描述，以求得人们对该概念的普遍认识。1962年联合国教科文组织对高等教育作了如下界定：高等教育是指大学、文学院、理工学院和师范学院等机构所提供的各种类型的教育，其基本入学条件为完成中等教育，一般入学年龄为18岁，学完课程后授予学位、文凭或证书，作为完成高等学业的证明。❸

1997年该组织修订《国际教育标准分类法》，明确规定了第5、6级教

---

❶ BARNETT R. Improving higher education：total quality care［M］. Maidenhead：SRHE & Open University Press，1992：1.

❷ 安东尼奥，迪亚斯．高等教育：下一世纪的幻想与行动［J］．教育展望（中文版），1999（3）.

❸ 蒋达勇．高等教育质量：一场语意含混的争论［J］．现代教育论丛，2008（11）.

育属于高等教育。第5级教育阶段相当于专科、本科和硕士教育。在这一阶段，又根据培养课程和培养目的不同，分为两类。5A类教育的课程是理论型的，培养年限较长，一般为4年及以上。5B类教育是实用技术型的，培养年限较短，一般为2～3年，目的是让学生获得从事某个行业或某类职业或行业所需的实际技能和知识。第6级教育相当于博士阶段教育，主要从事研究，不以课程为主。❶

1998年10月，联合国教科文组织在《21世纪的高等教育：展望和行动世界宣言》中对高等教育的界定为：高等教育包括由大学或国家主管当局批准为高等学校的其他教育机构提供的各类中等教育后的学习、培训或研究培训。可以说，这是目前被广泛承认的高等教育的定义。❷

2. 我国对高等教育的解释

我国学术界把高等教育作为一个学科来研究最早源于潘懋元教授。潘懋元认为："高等教育是建立在普通教育基础上的专业教育，以培养专门人才为目标。一般全日制大学本科学生的年龄特点是二十岁左右的青年，他们的身心发展已趋于成熟。"❸ 他对高等教育的界定得到广泛的认可。

《中华人民共和国高等教育法》（以下简称《高等教育法》）对高等教育的性质、任务、培养目标以及实施机构和形式等做了明确的规定，具有权威的法律效力。"高等教育是指在完成高级中等教育基础上实施的教育。高等教育的任务是培养具有创新精神和实践能力的高级专门人才，发展科学技术文化，促进社会主义现代化建设。高等教育采用全日制和非全日制教育形式。高等教育包括学历教育和非学历教育。高等学历教育分为专科教育、本科教育和研究生教育。高等教育由高等学校和其他高等教育机构实施。大学、独立设置的学院主要实施本科及本科以上教育。高等专科学校实施专科教育。经国务院教育行政部门批准，科学研究机构可以承担研

❶ 楚江亭，郭德侠. 关于建立我国教育标准的思考——兼论UNESCO《国际教育标准分类法》的主要内容［J］. 教育理论与实践，2002（10）.

❷ 联合国教科文组织. 21世纪的高等教育：展望和行动世界宣言［EB/OL］.（1998－10－09）［2015－07－01］. http：//wenku. baidu. com/view/66755b0702020740be1e9b58. html.

❸ 潘懋元. 高等教育学（上册）［M］. 福州：福建教育出版社，1984：3.

究生教育的任务。其他高等教育机构实施非学历高等教育。”

（二）高等教育的本质

高等教育是从属于教育的一种特殊教育形态，所以，高等教育既拥有教育的一般本质，也具有独特的性质。❶

1. 高等教育的一般本质

关于教育本质的研究，理论界也长期存在着重大的认识分歧与争论，具有代表性的观点主要有：①教育的本质是“培养人的社会活动”；②教育的本质是“促使个体社会化”；③教育的本质是“对人的身心发展有意识的直接的影响”；④教育的本质是“促使受教育者从原有发展水平向发展目标转化的活动”；⑤教育的本质是“社会遗传机制”等。高等教育作为教育的从属概念和重要组成部分，自然具有教育的一般本质：高等教育也是一种培养人的社会实践活动，根据社会的需要培养人类自身的各种素质，并促进人的社会化。❷

2. 高等教育本质的特殊规定性

高等教育区别于普通教育的根本在于“高等”。所谓的“高等”，对个体而言，高等教育的“高等”主要体现在从纵向上提升自己的等次和级别，从横向上拓宽自己的综合素质，以利于个体与社会整体的融合，实现个体价值与社会价值的统一。其是就学生所要学习的知识的程度而言的，目的是为了实现“高等”的教育或最高的教育。高等教育中的“高等”意味着一种对既定意愿的超越（无论概念、理论还是行动上），而不是受制于它。❸ 学生接受这种高深知识的学习，成为具有高深知识的专门化的人才。高等教育的本质特征就在于它是有序地培养高层次专门人才的一种社会实践活动。

（三）高等教育的结构要素

法国学者米亚拉雷指出，“教育”一词至少具有四种基本含义：①作

---

❶ 李福杰．高等教育本质研究述评［J］．南阳师范学院学报（社会科学版），2005（1）．

❷ 张治平．教育本质新探——兼论人的本质与教育的关系［J］．西南师范大学学报（哲学社会科学版），1997（10）．

❸ 王建华．什么是高等教育［J］．高等教育研究，2012（9）．

为一种机构的教育；②作为活动的教育；③作为内容的教育；④作为一种结果的教育。米亚拉雷从不同层面呈现了人们对于教育概念的多种理解，又通过整合策略给出了对于教育的整体理解。“作为一种结果的教育强调的是，在为机构的教育的背景下，通过运用作为内容的教育，使作为活动的教育所产生的结果”❶。

根据米亚拉雷对教育的理解，高等教育也具有四个层面：机构、活动、内容和结果。这四个层面其实质就是高等教育的核心要素，共同组成高等教育一个整体。高等教育的机构是指一种以大学为主的组织制度系统，在其中每个组织机构都遵循着一定的规则体系和理念提供高等教育。高等教育的内容是学生赖以进行高等学习的“材料”，主要是高深的学问，具体表现为教育内容、课程设置等。高等教育的活动是高等教育机构的运行机制，教育者、学生和教育内容的互动和联系。而高等教育的结果则强调其目的性，即高等教育最终培养了什么样的人。高等教育的四要素构成了高等教育的整体，顺利完成任务和使命，缺一不可。

通过上述分析，我们可以这样来理解高等教育：①高等教育是建立在完全中等教育基础之上的高层次的教育。②高等教育是培养高层次专门人才的社会实践活动。③高等教育的培养对象主要为完成中等教育的青年人。④高等教育由机构、内容、活动和结果四要素组成。

二、对质量的理解

据不完全统计，学术界对“质量”的定义不下二三百种，其定义视角也各不相同。❷ 不少学科都涉及“质量”这一概念，对质量的理解也差异较大。

1. 从不同的学科来理解质量

（1）语义学的理解。

从语义学的角度看，“质量”在英语中为 quality 源于拉丁文 qualis，它

---

❶ 王建华. 什么是高等教育［J］. 高等教育研究，2012（9）.

❷ HINETT K，KNIGHT P. Quality and assessment［J］. Quality assurance in education，1996，4（3）.

指的是一给定实体的性质，这种性质基本上是价值无涉或价值中立的。❶《现代汉语词典》对质量的解释是：①物体中所含物质的量，也就是物体惯性的大小。②产品或工作的优劣程度。《辞海》对质量的解释是：①产品或工作的优劣程度。②量度物体惯性大小的物理量。《汉语大词典》对质量的解释是：①资质器量。②事物、产品或工作的优劣程度。③事物的优劣程度和数量。④物体中所含物资的量，亦即物体惯性的大小。❷

（2）哲学的理解。

从哲学的角度看，"质量"是一对矛盾的范畴。质是指事物在性质上区别于其他事物的内在规定性；量是指事物存在的规模、运动的速度、发展的程度等，表现为不同数量的规定性。任何质都是具有一定量的质，不同质的事物具有不同的量和量的界限。在这里，"质量"具有辩证发展的特性，需要在动态中对其进行分析、比较和判断。哲学上的质量是指事物的"品质"或"特性"，是其内在规定性，是此事物区别于其他事物的根本属性。

（3）经济学的理解。

从经济学的角度看，质量意味着"效益"。从投入产出的角度考察质量，最优并不是质量高低评判的唯一标准。如果最优是以较少的资源投入获得的，则这种最优是高质量的，但如果最优是以大量的资源投入换来的，则所谓的最优实际上是低质量的。有人还提出"过剩"质量的问题，认为质量在资源耗费和满足需要的程度上都应该是最恰当的，否则，就是质量过剩了。质量过剩的实质是一种浪费，是低效率的，因而是低质量的。

（4）管理学的理解。

从管理学角度来看，质量常常与"适用性""特性""需求"和"标准"等关键词密不可分。

著名管理大师克劳斯比认为，质量就是符合要求。谈论质量，必须客

---

❶ VEDDER P. Measuring the quality of education [M]. Amsterdam: Sets & Zeitli－ger, 1992: 124.

❷ 林永柏. 关于高等教育质量概念的界定 [J]. 教育科学，2007 (6).

观地定出要求和标准，然后依据这个标准去评估表现，不符合就是没有质量。所以质量问题是指是否符合标准的问题。❶

另一位质量管理专家格鲁科克认为，质量是产品或服务所有相关的特性和特性符合用户需求的程度。用户需求受到他们愿意接受的价格和交货时间、方式所限制，质量的有用和具有实际意义的比较只能限于以相同的价格，满足同样需求的产品或服务之间。比如，两件满足用户同样需求的商品有不同的价格，这时比较其质量就不具有实际意义，因为它们实际上满足的是不同用户的需求。同样比较大众汽车和喷气式飞机之间的质量也是没有意义的。

从管理学的角度看，“质量”是“一种与能满足或超过期望的产品、服务、人员、过程和环境相联系的动态的状态”❷。也就是说，质量不仅指提供的产品或服务，也包括提供产品或服务的人员、过程和环境，质量还会随时间的推移和环境的改变而改变，是一个动态的过程。

2. 从不同的基准来谈质量

我们谈论质量，总是要有一定的基准。也就是说以什么为基准和参照来得出质量的高与低，优与劣。是与过去相比还是与同类相比，是基于既定的标准和规定还是基于不同的需要和要求等。

（1）以同类作为基准。

以同类作为基准，是一种横向比较，这种比较的质量定义是“最优”。这一理解代表了传统的质量观，实际上是把质量作为最高水平的代名词，具有其他产品和服务所没有的特征和用途。在操作中，这一定义被理解为花费大量的资源，使产品或服务达到极高水平，并因此具有很高的地位、声望，足以让同类其他产品和服务望尘莫及，可用卓越、第一流、优秀等词替代质量的本意。

（2）以过去作为基准。

以过去作为基准，是一种纵向比较，即以自己的现在与过去作比较，

❶ 克劳斯比．零缺点质量管理［M］．陈怡芬，译．北京：生活·读书·新知三联书店，1996：4.

❷ 赵中建．高等教育全面质量管理的概念框架［J］．外国教育资料，1997（5）.

这种比较的质量定义是“增值”。如果现在的价值比过去得大，则表现为价值增值，增值的比例越大，质量越高。以教育为例，如果学生在进入高校之前和接受高等教育之后的成就、行为可以测量的话，那么，两者的变化越大，价值增值越多，教育教学的质量也就越高。

（3）以既定的规定为基准。

以既定的规定为基准，就是认为质量是符合某种质的规定性，是“符合规格”的程度。规格可以包括一系列标准，标准是评价的基准和尺度，质量就是指产品与这些设定了客观的标准和规格的一致性。也有人从目的或目标的角度来界定这一点，认为质量是目的或目标本身设定的有效和完善程度以及对目的或目标的达成度。总之，不管是标准、规格，还是目的、目标，它们都强调质量是与事先设定的某一标尺的符合程度。

（4）以满足某种需求为基准。

以满足需求为基准，增加了质量的不确定性和有限性。人们使用产品，总对产品质量提出一定的要求，这些要求往往受到使用时间、使用地点、使用对象、社会环境和市场竞争等因素的影响，这些因素的变化，会使人们对同一产品提出不同的质量要求。因此，质量不是一个固定不变的概念，它是动态的、变化的、发展的，它随着时间、地点、使用对象的不同而不同，随着社会的发展，技术的进步而不断更新和丰富。

3. 本书对质量的理解

通过以上对“质量”的考察，我们应该从两方面来理解质量的内涵。

第一，质量在本质上是实体固有的一组特性或品质的总和。这种特性或品质为任何一种实体所具有，实体可以是产品，也可是活动、过程、组织、体系，以及上述各项的任何组合。所以，质量具有普遍性，它广泛存在于人类社会的各个实践活动领域。这种内在规定性是实体特有的，区别于其他实体的性质，是事物的客观属性。

第二，质量作为实体的固有特性必须与用户（个体、群体、社会和国家等）的某种需求结合才会成为质量。说到底，质量就是一种价值判断。质量是实体的客观特性与价值主体的需要相结合形成的，体现了实体满足服务对象——价值主体需要的能力，是事物客观特性和主体需要的统一

体。若不与服务对象的需要相结合，不能满足价值主体的要求，所谓质量也就毫无意义了。❶

所以，质量实际上是主体与客体的一种动态关系。质量就是主体的固有特性或特征满足客体的明显或潜在需要能力的程度。质量其实包含两方面内容：一部分是本质质量，即实体固有的特性或特征；另一部分是评价质量，即主体固有特性满足客体要求的程度，也就是客体对实体满足其明确或隐含需求能力的评价。

第二节　高等教育质量

质量在高等教育界开始受到广泛关注，开始于20世纪中后期。随着高等教育大众化的推进，教育质量问题成为世界各国需要面对的重大课题。同时，高等教育质量的相关研究也如雨后春笋般涌现，然而对高等教育质量的界定和理解却是错综复杂，莫衷一是。

一、中外关于高等教育质量的观点

高等教育质量概念具有复杂性，是中外学者一致公认的难以定义的概念。对于高等教育质量的理解，站在不同的角度，为了不同的需要，会有不同的定义或理解。

1. 国外关于高等教育质量的界定

英国学者格林（Diana Green）在《什么是高等教育的质量》一书中提出，高等教育质量可以从五个方面界定：①传统的解释，把质量与提供独特而特殊的产品和服务联系在一起，隐含排他性的特点，如牛津大学和剑桥大学的教育质量；②把质量与预定规格和标准的一致性作为依据，依此使不同类型的院校可能设定不同的质量标准；③强调以高校达到目的的程度为标准，把判断质量的尺度定义为是否符合标准；④把质量定义在实现高校办学目标的有效性上，具体标准是以高校是否具有明确的办学理念和

---

❶ 孙金玉．高等教育质量相关概念的阐释及质量保证［J］．经济与社会发展，2007（1）．

使命的表述为特征；⑤把质量定义为以高校能否满足消费者规定的和潜在的需要。❶

莫迪（Moodie）指出，人们常用的高等教育质量一词有三种不同的含义：①指特殊的或合理的高标准；②指高等教育的“类型”或特点；③在一种相对的含义上作为某种“卓越”的同义词。❷

艾斯丁（Astin）认为，高等学校的质量是一个复杂的概念，至少有四种不同的含义：大学的声望等级、可得到的资助、学生成果和学生天赋的发展或增值。❸

美国西北地区协会高等学校委员会的《鉴定手册》中把“教育质量”解释为：指学生取得的学习成就，可依据其知识熟练程度或知识的增长量来描述。❹

美国高等教育鉴定委员会在《教育质量与鉴定对多样性、联贯性和创造性的呼吁》报告中提出，一个教育过程的质量涉及：①目标的合适程度；②在目标实现过程中资源利用的有效程度；③已达目标的水平程度。❺

1996 年欧洲大学校长会议公布的《制度评估：质量战略》指出：第一，质量是一个政策性概念，其中反映出各国政府对影响高等教育的深刻的现代趋势的关注，并为此制定相关的政策与措施。第二，质量是一个多侧面的和主观的概念。高等教育过程和结果的质量评估以分析不同的横断面和标准为前提。不同的当事人都拥有自己的质量标准。标准不同，结论也就不同。评价质量要从外部视角和内部视角有机结合。❻

《世界高等教育宣言》认为：高等教育的质量是一个多层面的概念，应包括高等教育的所有功能和活动：各种教学与学术计划、研究与学术成

---

❶ HARVEY L, GREEN D. Defining quality [J]. Assessment and evaluation in higher education, 1993, 18 (1).

❷ 陈威. 高等教育质量概念的理论研究 [J]. 石油高等教育, 2000 (2).

❸ 同❷.

❹ 黄蓉生. 关于高等教育质量基本问题的思考 [J]. 中国高教研究, 2012 (4).

❺ 潘懋元. 高等教育大众化的教育质量观 [J]. 清华大学教育研究, 2000 (1).

❻ 陈威. 高等教育质量概念的理论研究 [J]. 石油高等教育, 2000 (02).

就、教学人员、学生、设施、设备、共同体服务和学术环境等。[1]

2. 国内关于高等教育质量的界定

李福华认为，高等教育的质量是高等教育满足主体需要的程度，是一种价值判断和评价。它至少包含三个重要组成部分，即教学和人才培养质量、科学研究质量、社会服务质量。[2]

李志仁认为，高等教育质量是高等教育机构在遵循教育自身规律与科学发展逻辑基础上，在既定的社会条件下，培养的学生、创造的知识以及提供的服务满足现在和未来的社会需要和学生个性发展需要的充分程度。[3]

朱湘虹认为，高等教育质量不是一个单一的概念而是一个多维的概念。它是指高等教育系统满足社会需要的程度，不仅包括学生的质量、教师的质量、教学与科学技术研究的质量，还包括社会对教育产品——学生的满意程度，对科研成果转化为生产力的满意程度。[4]

《教育大词典》中，教育质量是指“教育水平高低和效果优劣的程度”，“最终体现在培养对象的质量上”，“衡量的标准是教育目的和各级各类学校的培养目标。前者规定受培养者的一般质量要求，亦是教育的根本质量要求；后者规定受培养者的具体质量要求，是衡量人才是否合格的质量规格”[5]。

总体来看，人们基本上是从高等教育系统的内部和外部这两个角度去认识高等教育质量的。从外部的观点看，高等教育质量意味着高校或专业符合高等教育利益相关的个体、社会和国家对它的期望，这与高等教育的使命有重要的关联。譬如，高等教育对经济和文化建设的贡献、高等教育对毕业生的就业的帮助等成为评判质量的依据。

从内部的观点看，高等教育质量与它自身的办学行为及其预先确定的标准有重要的关联。因而，高等教育是否促进了学生在身心方面的全面发

---

[1] 曲铁华．朱永坤．高等教育质量观探析［J］．现代教育科学，2004（6）．

[2] 李福华．高等教育质量：内涵、属性和评价［J］．现代大学教育，2003（3）．

[3] 李志仁．我国应建立高等教育质量保障体系［J］．高教探索，2001（2）．

[4] 朱湘虹．论质量是我国高等教育发展的核心［J］．煤炭高教研究，2003（2）．

[5] 教育大辞典编纂委员会．教育大辞典（第 1 卷）［M］．上海：上海教育出版社，1990：24．

展就成为评价高等教育质量的重要标准。在工业主义和消费主义盛行的当今时代，人们过度重视了从外部关注高等教育的质量，而相对忽视了对学生发展影响的角度认识和评价高等教育的质量。对高等教育质量的评价，不仅仅是个外部问题，更是个内部问题。

3. 几种有代表性的高等教育质量观

质量观是对质量的根本看法和观点，旨在说明“什么是高等教育质量”以及“衡量高等教育质量的标准是什么”等。其中最有代表性的观点主要有以下几种。

（1）质量就是卓越。

质量就是卓越的观点是从传统的学术角度出发看质量的。伯纳德认为：“卓越就是更确信地表达某些院校可以保持‘顶尖级’（Very Highest Standard）的标准。”在他看来，所谓“卓越”就是非常优秀的、超出一般的标准，往往指那些各种可比性指标在同类院校中都名列前茅的院校。❶“卓越”高等教育质量观来源于大学严格的录取标准、高标准教学和科研时间及经费的投入。在西方传统中，卓越主要是指声誉卓越，顶尖级的世界一流大学，比如哈佛、剑桥、耶鲁等。这些大学拥有世界一流的教授、雄厚的科研经费、严格的学生选拔制度，整体拥有很高的学术地位，学生能考入这样的大学是一种荣耀。这样的大学本身以及所提供的教育成为高质量的代名词。这种质量观是精英时代的精英教育质量观。

（2）质量是符合标准。

这种质量观来自管理界的零缺点质量管理理论，其基本思想是将质量与预定规格和标准联系起来进行考察。质量就是符合标准的观点以是否达到预设的规格和标准来衡量高等教育质量的高低。标准通常是在综合调查高等教育各利益相关者的各方面需求的基础上制定的，所以标准常常反映了高等教育“顾客”的需求。由于高等教育的机构类型不同，所承担的使命和任务不同，所以，在制定院校质量标准时，比如容易考虑到不同高校

❶ WESTERHEIJDEN D F. Where are the quantum jumps in quality assurance? Developments of a decade of research on a heavy particle [J]. Higher education, 1999 (38).

的特点，给高校自身发展留一定的空间，以便学校能根据自身特色作适当的调整。这样，不同类型的院校拥有不同的质量标准，只要达到了各自的标准就是合格的、有质量的教育了。❶

（3）质量就是适合目的。

质量就是“目的的适切性”观点包含两层意思：其一，高等院校是否具有明确的办学方向和发展目标。对这种目标的清晰表述是衡量质量高低的重要标志。其二，高等院校的目标能否有效地达成。这是质量实现的关键环节和主要依据。❷ 这是一种适应性的质量观，强调以是否达到高校自己设定的目标来衡量其质量的高低。人们不应该用一所研究型大学的标准来要求另一所职业型院校的质量，那样的话，后者无论如何也不能达到“高质量”的目标。这一质量观十分重视高校个体的办学目的。而高校为了吸引学生，也必须设定独特的办学目标，以满足特定学生群体的需要，促进学校的发展。如此一来，高校的不同定位就反映了不同的社会需求。

（4）质量就是物有所值。

质量是物有所值的观点就是绩效的质量观，它认为充分发挥了所投入资金的效益才是高质量的教育，即以最少的投入获得了最大的收益就是高质量。这是从政府和消费者的角度出发，受效益原则影响的一种质量观。随着高教规模的迅速扩大以及学生学费的不断提高，政府、家长和学生都越来越关注投入产出的性价比。政府希望高等教育机构提高人才培养的时间效率和经济效率，学生希望能通过高等教育获得更好的就业机会，得到更多的回报。就业率、就业初始薪酬、辍学率、学习时间长度、生均教育成本、师生比及其他一些财政数据是衡量高等教育机构质量的重要指标。❸

（5）质量就是价值增值。

质量就是价值增值的观点是基于这样的想法：如果学生在进入高校之前和接受完高等教育之后的成就、行为等可以测量的话，那么，这两者的

---

❶ 罗丹．中西方高等教育质量观比较［J］．大学教育科学，2007（3）．

❷ 赵婷婷．从精英到大众高等教育质量观的转变［J］．江苏高教，2002（1）．

❸ 李国强．刘玉静．认同、冲突与融合：高等教育质量观的哲学反思［J］．高等教育研究，2009（5）．

变化越大，价值增值就越多，教育教学的质量也就越好。马丁·特罗也认为："如果成功的标准是价值增值，那么学校愿意招收学术水平较低的学生而不是较高的学生，因为提高低起点学生的水平比高起点学生的水平更加容易。"[1] 价值增值的观点主要从学生角度出发看待教育质量问题，学生入学前和毕业时的能力和知识的比较，就是其对高教投资的价值增值部分。这一部分越大表明高校质量越高。依据这一观点，学生个体成为判断高校办学质量的主体，他们将根据自己的发展对所接受的高教质量做出不同的判断。

二、高等教育质量的本质和内涵

上述关于高等教育质量及其标准的探索与见解，从不同角度和程度都触及高等教育质量构成的方面和要素。但是都存在一个共同问题。那就是都缺乏一个简洁明确的逻辑基点。毫无疑问，高等教育质量因素就像高等教育系统因素本身一样，纷繁众多。必须弄清复杂众多因素中哪一个是决定系统功能的根本，这个根本就是高等教育质量体系的逻辑起点和质量标准系统建立的基点。

世界上的一切事物无论怎样纷繁复杂，都有一个它之所以存在的根本理由。[2] 从教育的本质来看，我们知道教育是培养人的社会活动。高等教育是在完成高级中等教育基础上实施的教育。作为教育的一个层次，高等教育当然不能脱离培养人才这一本质属性。从高等教育的功能来看，人才培养、科学研究、社会服务以及文化传承是当今普遍认同的四大功能。人才培养是高等教育源起的目的和本质的功能，科学研究、社会服务等是大学的衍生功能。《中华人民共和国高等教育法》第三十一条明确规定：高等教育"应当以培养人才为中心，开展教学、科学研究和社会服务，保证教育教学质量达到国家规定的标准"。所以，我们有理由认为，高等教育的本质属性仍然是人才培养，高等教育质量的核心也是人才培养质量。正

---

[1] 赵婷婷．从精英到大众高等教育质量观的转变［J］．江苏高教，2002（1）．

[2] 赵伶俐．如何衡量高等教育质量与水平［J］．理工高教研究，2009（2）．

如邬大光教授所言：高等教育质量，既不是一个泛化的概念，也不是一个分化的概念，而应是一个具有明确指向性的概念，这就是人才培养的质量。❶

就此，我们可以这样理解高等教育质量：高等教育机构在遵循自身发展规律的前提下，所培养的人才规格满足个体和社会需求的程度。所以，判断高等教育是否有质量以及质量的高低，就是看高等教育是否能满足个体和社会的需求以及满足的程度。对于各级各类高等教育机构来说，要把各种“需求”内化为各自的教育和培养目标。从这个意义上讲，高等教育质量其实就是“目标实现”与“需求满足”的统一。

三、高等教育质量的层级和结构

1. 高等教育质量的层级

高等教育是一个结构严密、层次清晰的系统。高等教育质量是一个多层面的概念。我们平时谈论的高等教育质量，主要有以下三个层级。

（1）宏观高等教育质量。

宏观的高等教育质量指的是整个国家高等教育系统适应并促进全社会政治、经济、科技、文化、教育和人自身等多元主体需要与发展的程度，是一种宏观价值判断和评价。就高等教育系统而言，是指一个国家高等教育系统的质量，主要是高等教育系统在国家和社会层面发挥作用的大小和能力，也就是整个高等教育系统为经济政治文化发展、社会和谐和进步作了什么贡献。❷ 衡量宏观高等教育的质量经常使用高等教育发展指数，包括整个高等教育系统的规模、结构、比例、布局以及不同类型、地区高等教育对经济的贡献度等。

（2）中观高等教育质量。

中观的高等教育质量指的是各层次、各类型高等学校的教育质量。由

---

❶ 邬大光．高等教育质量意识的涵义与价值——基于《质量报告》的视角［J］．高等教育研究，2012（2）．

❷ 闫广芬，秦安安．近十年来中国高等教育质量观研究述评［J］．高校教育管理，2009（1）．

于教育的功能是人才培养，高等教育的功能是高级专门人才的培养，高等学校是开展高等教育活动、实现高等教育功能的机构。因此，可以把高等学校的教育质量等同于人才培养的质量，也是高等教育的“核心”质量。❶人们习惯于从中观层次来审视高等教育质量，甚至有的学者基于中观的视角简单地将高等教育质量等同于人才培养质量。就高等学校教育而言，主要是指人才培养质量。目前人们所谈的高等教育质量，主要指高校的人才培养质量，这也是高等教育的核心质量和集中体现。

（3）微观高等教育质量。

微观高等教育质量指的是高等学校内部的教学质量、科学研究质量和社会服务质量，实质是高等学校三个职能的实现程度。它们是形成人才培养质量的“三维度”要素，即教学、科研和社会服务是现代高等教育机构中人才培养的三种重要路径，其中教学活动是最主要的路径。❷现实中人们所谈论的微观教育质量往往是指教学活动质量。因为，不是所有的高校都能开展高水平的研究，而社会服务质量也是因院校的类型而不同。教学是所有类型院校的中心和重点，教学质量在某种程度上体现了一个学校的教育质量。

2. 高等教育质量的结构

（1）高等教育的内在质量。

高等教育的内在质量主要是指高等教育系统内部的质量，包括两个方面：一方面是指高等教育的产品质量，即高等教育毕业生的质量，一般称为本质质量；另一方面指高等教育活动过程的质量，一般称为过程质量。本质质量是高等教育要培养什么样的人，而过程质量是高等教育如何培养人。高等教育本质质量是通过其过程质量体现出来的，良好的过程质量是实习本质质量必要条件，但并不是任何高等教育过程都能体现高等教育质量之本质。比如，只注重狭隘的技术训练而不注意使学生理解行为背后的基本原则的教育过程，是难以体现高等教育质量之本质的。❸不管是本质

❶ 张应强．高等教育质量观与高等教育大众化进程［J］．江苏高教，2001（5）．

❷ 张安富，等．高等教育质量与水平及相关概念辨析［J］．高等教育研究，2009（11）．

❸ 同❷．

质量还是过程质量都是高等教育系统内部质量，内部质量主要基于对教育的规律以及知识和学术的逻辑开展的。高等教育的内部质量是高等教育发展的一种理想状态，是一种对知识、对学术、对人格素养的终极诉求。

（2）高等教育的外部质量。

高等教育的外部质量主要是指高等教育系统之外，也就是政府、用人单位以及学生和家长对高等教育的目标和要求。适合外部目标的高等教育也应是有质量的，我们可称这种质量为高等教育的外部质量。高等教育走进社会中心之后，不可能完全按照学术的逻辑发展，势必会更多地与责任联系在一起，按照皮特斯的说法，这些责任就是高等教育的外部目标。[1]高等教育外部质量更多的是一种评价质量，比如政府会考虑经济效益、投入与产出的比例。学生家长会考虑就业的质量和将来升迁的空间。外部目标成为高等教育发展的另一个参照体系，也是高等教育发展的重要制约条件之一。外部目标和内在质量有时候是一致的，但是也绝非完全一致，有时候是矛盾甚至冲突的。从长远看，体现了本质质量的高等教育才是真正有质量的高等教育，但社会的发展有可能使高等教育本质质量的体现产生变异。满足一定历史时期社会现实所要求的高等教育尽管从长远看未必一定是有质量的，但站在特定历史时期的角度考虑，这样的高等教育还是有质量的。

四、高等教育质量的特点

1. 客观性与主观性

高等教育质量的主观性和客观性同时存在，主要源于质量本身就是主观与客观的统一。高等教育质量的客观性，主要是指高等教育质量在本质上是高等教育的特性或品质的总和，是一种内在的规定性。无论人们是否意识到它或意识到什么程度，它都独立于人的意识、思想和情感而客观地存在着。正是由于高等教育质量具有客观性，才使我们评判不同的高等学

[1] 彭未名．高等教育质量的本质与特性探析［J］．交通高教研究，2002（3）．

校成为可能。❶

高等教育质量的主观性，是指高等教育质量受到高等教育价值观的制约和影响，质量的高低取决于特定的主体需要，随主体的不同而改变，主体的价值判断会因主观认识的不同而有所偏重。近年来围绕高等教育质量问题的争论就是因为参与主体的价值观不同所导致的。标准不同，评价及结论也就不同，这正是高等教育质量区别于物品质量而难以准确量度和取得共识的根本所在。

2. 统一性与多样性

高等教育质量的统一性主主要源于管理、评价的需要。对于政府来说，要有效管理高等教育机构和评价高等教育质量，必须有个基本的质量底线，否则难以进行评价和规范。对于社会公众、用人单位以及学生来说，要选择高等教育也要有一个可以用来比较的标准，如果没有一个统一的衡量标准，将无法判断优劣，难以选择。另外，质量的统一性还可以消除或减少劣质高等教育服务供应。

高等教育质量的多样性是一种必然，特别是高等教育进入大众化阶段，高等教育的使命、任务、类型、层次、形式以及主题的教育需求和期待越发多样化，不可能完全用统一的标准来要求。多样性的高等教育质量是从精英高等教育到大众高等教育的必然结果。高等教育的多样化是质量多样化的基础，质量的多样化会进一步规范和引导高等教育的多样化发展。如果没有多样化的质量，高等教育势必发生同质化，缺乏特色。❷

3. 发展性与滞后性

高等教育质量也是历史性的概念，不同的历史阶段，高等教育的质量肯定是不同的。没有一成不变的教育质量，高等教育质量是随不同时期的不同发展主题而发展变化的，不能脱离发展来谈质量。高等教育的快速发展使得原来高等教育质量的“学术金标准”已不再适用，重建高等教育质量观，构建大众化高等教育质量保障体系成为必然。

❶ 蔡宗模，陈韫春. 高等教育质量：概念内涵与质量标准［J］. 清华大学教育研究，2012（3）.

❷ 蔡克勇. 大众化的质量观：多样性和统一性结合［J］. 高等教育研究，2001（4）.

高等教育质量的另一大特点就是滞后性，这是由教育本身的特点决定的。我们知道教育是培养人的社会实践活动。教育的产品就是毕业生，而评价检测毕业生的质量是非常困难的，主要原因就是其滞后性。高等学校培养的学生只有用人单位经过若干年的使用后，才能得出质量优劣、水平高低的结论。所以，高等教育质量的生成是一个过程，是现实的。然而真正评价教育质量却是要等到若干年之后才能真正实现，但是对高等教育质量的评估不可能也滞后，所以现在的评价质量的形式也是在某种程度上，基于某种假设来进行的，并不能精确地、完备地评价出质量的高低。

第三节　高等教育质量标准

一、高等教育质量标准的概念

1. 标准的定义

上海辞书出版社出版的《辞海》对“标准”的解释为：“衡量事物的准则。如：取舍标准。引申为榜样、规范”。瑞典教育家胡森主编的《国际教育百科全书》中“标准”一词解释为“为了达到特定的目的所要求的极好程度；适当的尺度；社会或实践所期望的行为准则”。还有的词典解释为“由权威设立制定的，习惯上或总体上的一种模式、范例或规则，用以衡量数量、重量、程度、价值或质量”。国际标准组织定义标准为“由有关各方根据科学技术成就与先进经验，共同合作起草，一致或基本同意的技术规范或其他公开文件，其目的在促进最佳的公共利益，并由标准化团体批准”❶。

标准总与“准则”“规格”“尺度”“检验标准”相关。标准既是一个目标，又是一个检验进展的尺度。简言之，标准是一种被普遍认可的规范或尺度，它可作为价值判断的依据，可为价值判断提供直接或间接的指导。

---

❶ 姜煜林．基于 ISO 9000 标准的高等教育教学质量概念探讨［J］．扬州大学学报（高教研究版），2008（4）．

2. 高等教育质量标准的定义

高等教育质量既是一种价值追求，也是一种实然判断。高质量是人们追求的目标，但质量的高低则不能凭主观去判断，需要有一个客观的尺度去衡量，通常我们把这个尺度称为质量标准。衡量高等教育质量的尺度就是高等教育质量标准。[1]

高等教育质量标准也应该具备“标准”的各项特点：首先，标准的制定应该是经过科学论证、经验总结，可以通过检测分析给予肯定的规则；其次，制定的高等教育质量标准具有统一性的特点，达到统一人们思想和行为的目的；最后，制定的标准要保证公众的最佳利益。

高等教育质量标准就是为了确保高等教育符合既定的需要，由公认机构批准，用来判定、衡量高等教育质量优劣的规范性文件。高等教育质量标准是判断高等教育质量的基本依据与参照，是对高等教育某些领域或整体进行价值判断的基准线，它能够解释高等教育在其发展过程中，不同历史时期、不同发展阶段，所具有的或达到的应有状态。高等教育质量标准在保障与提高高等教育质量的实践中起到导向、诊断、基准等作用，是连接高等教育质量理论与实践的纽带。

二、高等教育质量标准的本质[2]

高等教育质量标准是判断高等教育质量的基本依据与参照，是对高等教育某些领域或整体进行价值判断的基准线。随着高等教育的发展，高等教育利益相关者越来越多，各利益群体对高等教育价值的需求水平及判断程度不同，体现了高等教育价值取向与基准线也不尽相同。[3]

1. 高校的标准：内在价值的基准线

高校作为学术机构而存在，高等教育是学术界按照自身规律开展活动的过程。在高校里从事高深知识活动的人，他们忠于自己的学科或专业，服从于知识本身的内在规律，这种服从往往比行政规定或市场规则更具自

---

[1] 柏昕，林永柏．关于高等教育质量标准若干问题的探讨［J］．现代教育科学，2012（1）．

[2] 本部分参考了《高等教育质量分类标准研究》课题组成员闫飞龙的观点。

[3] 闫飞龙．高等教育评价标准的本质问题与多元化［J］．清华大学教育研究，2011（5）．

觉性。高校的学者以高深知识的传播、发展和运用作为高等教育的目的和任务，也作为自身的工作职责。他们眼中的高等教育质量往往以学术标准为基础，强调学科领域以及源于知识本质的质量标准。在高等教育评价活动中，高校以高深知识为核心的各种活动，满足高等教育自身发展的程度是高等教育内在价值的基准线，也是高校的自我评价标准。

高校的质量标准主要基于学术本位的质量观。高校关注的是知识本身的价值，以高深学问的探究和精英人才的培养为要旨，通过学问的增进、理性的获得、科学的进步来衡量高等教育质量。所以，学校拥有的院士数、学位授予点数、研究经费数量及研究成果的多少等，都成为标志教育质量的重要数据。导师制、低师生比也成为评价高等教育质量的另一维度的重要指标。

2. 市场的基准：外在价值的基准线

高等教育在促进社会发展上有着不可替代的价值，一方面为社会企事业单位输送所需要的人才，另一方面为社会产业界提供科研成果与技术服务。高等教育与社会之间的这种供需关系构成了高等教育市场。在这种场合，市场的高等教育价值取向是功利性、工具性的，体现了高等教育外在价值或社会价值的基本特征。满足社会需求的程度与水平是高等教育外在价值的基准线，是高等教育市场对高等教育评价的标准。

社会或用人单位作为毕业生的最终接受者，更关注的是培养结果，往往把教育质量界定为对毕业生的满足程度，主要看高等学校培养的人才是否能满足社会经济发展的需要。[1] 对社会用人部门来说，高等教育的首要任务是培养社会变革和发展中急需的、劳动力市场紧缺的人才。高等教育的质量是以毕业生在实际工作中的能力表现来衡量的，通常可通过毕业生就业率，特别是其职业收入状况等指标来考察。

3. 学生的标准：个体价值的基准线

学生是高等教育服务的对象，他们接受高等教育的目的是获得知识能

---

[1] 饶燕婷．利益相关者视野中高等教育质量保障多元主体探析［J］．大学·研究与评价，2009（7-8）．

力的提升和综合素质的提高，促进个人的发展，增强在就业市场的竞争力，为将来的完满生活做准备。[1] 高等教育为个体适应将来的社会生活，以及实现个体价值打下坚实基础。高校能够在多大程度上满足学生的需求，体现了高等教育的个体价值，这是高等教育个体价值的基准线，也是学生对高等教育评价的标准。

学生从个体的价值取向出发，评价高等教育质量的标准主要是接受教育的过程质量和结果的质量，特别是结果的质量。在教育过程中，学校提供的课程、师资、实验基地、国际交流等条件是否能满足他们的要求，是否在知识、能力和人格方面有较好的发展，是否满意；毕业后是否能够顺利地找到理想的工作，是否能得到满意的薪酬和晋升……这些都成为衡量教育质量的标准。

4. 政府的基准：整体价值的基准线

政府既是高等教育的管理者又是各利益群体的协调者，因此，政府的高等教育价值取向是综合性的，体现了高等教育内在价值、外在价值和个体价值的融合与统一。对于政府来说，其对高等教育质量的评价标准是高等教育整体价值要求的基准线。[2]

从政府的角度来说，必须平衡各方利益的诉求，尽可能地满足各利益主体的质量要求，科学地融合不同价值取向的质量标准。既要遵循高等教育自身的发展规律，知识学术发展的逻辑，又要考虑用人单位对毕业生素质的要求以及学生对就业质量的要求。所以，政府评价高等教育质量的标准只能是各方面利益的融合，针对于不同的发展时期，以及不同类型的院校应该制定不同的质量标准，否则根本无法协调和实施。

三、高等教育质量标准的分类

从不同的角度和侧面出发，对高等教育质量进行描述和评价的这些标准本身，一定具有不同的特征。根据这些特征，我们可以对高等教育质量

---

❶ 闫飞龙．高等教育评价标准的本质问题与多元化［J］．清华大学教育研究，2011（5）．

❷ 饶燕婷．利益相关者视野中高等教育质量保障多元主体探析［J］．大学·研究与评价，2009（7－8）．

评价标准进行分类。

1. 根据高等教育的层次

《高等教育法》规定，高等学历教育可以分为专科教育、本科教育和研究生教育，其中研究生教育又分为硕士、博士两个层次。教育的层次不同，相应的质量标准也应该有所差异，所以从教育层次出发，高等教育质量标准也可以分为专科教育质量标准、本科教育质量标准、硕士教育质量标准和博士教育质量标准四种质量标准。当然，即便处于同一层次的人才培养，不同类型学校以及不同取向的学位的教育质量标准也会有很大的差异，这就构成了多层次的质量标准体系。❶

2. 根据高等教育的类型

我国高等高等教育大体分为普通高等教育、职业高等教育、成人高等教育等。高等教育的类型不同，培养目标和规格不同，相应的质量标准也不同。目前，我国对高等教育的分类比较少，这也是一个研究和实践的不足。我国对高等学校分类的研究比较多，根据不同的高校分类，相同类型的高校应有相同的质量标准，不同类型的高校应有不同的质量标准。比如，研究型大学的质量标准、教学科研型大学的质量标准、教学型本科院校的质量标准、高等职业学校的质量标准等。

3. 根据高等教育的职能

现代高等教育有培养人才、发展科学、服务社会三大职能。培养人才是根本使命，也是核心职能。发展科学直接关系到培养人才的质量和学术水平，在以知识作为最重要的生产要素和经济要素的知识经济社会中，这一职能对于知识的创造、加工和运用具有重大意义。服务社会是培养人才、发展科学职能的延伸，是大学适应社会变革、满足社会全面发展需要的体现。从高等教育职能维度可以分为人才培养质量标准、科学研究质量标准和社会服务质量标准。

4. 根据高等教育质量全过程

根据高等教育质量的不同环节上来看，一般认为，质量过程包括输

❶ 柏昌利，周燕来．大众化背景下高等教育质量标准体系［J］．长安大学学报（社会科学版），2010（1）．

入、过程、输出三个环节，相应的质量标准也可分为输入标准、过程标准和输出标准。对高等教育而言，输入标准主要指人、财、物的投入，过程标准主要指保障教育教学实施的基本条件和制度，输出标准则主要指教育质量的水平和状态。其中，过程标准又可分为条件标准和制度措施标准两部分。

5. 根据质量标准制定方法

根据制定高等教育质量的方法上来看，质量标准可分为定性标准和定量标准。前者重在以定性的方法考察质量的情况，尤其是考察整个高等教育实施与所设定教育目标的符合程度；后者重在以定量的方法考察质量的情况，所列标准大多为可考察的定量指标，具有较强的可比性。当然，一般的标准体系都是质化标准和量化标准的结合。

6. 根据标准适用范围

质量标准可分为统一标准和特殊标准。一般的基本质量要求，指的是一切高等教育都要依据我国教育目标，培养德、智、体、美全面发展，人文素质和科学素质结合，具有创新精神和实践能力的专门人才；另一个是具体的人才合格标准，指的是依据各级各类高等教育的具体培养目标所规定的质量要求，是衡量所培养的人才是否合格的质量规格。[1] 统一标准用于描述和衡量一类教育的质量，特殊标准则用于衡量这类教育中不同类型或者专业教育的质量。[2]

四、高等教育质量标准的特点

高等教育质量评价标准是高等教育质量内涵的体现和反映，高等教育质量标准具有以下特点。[3]

1. 稳定性与发展性的统一

高等教育质量标准既是稳定的，也是动态发展的。高等教育质量标准在一定时期内必须是稳定的。因为高等教育的要旨是培养人，人才培养质

❶ 潘懋元．高等教育大众化的教育质量观［J］．中国高教研究，2000（1）.
❷ 赵婷婷．高等教育质量评价标准与《质量报告》［J］．高等教育研究，2012（2）.
❸ 董添华．高等教育质量标准的特性研究［D］．兰州：西北师范大学，2010：120.

量具有滞后性和长期性的特征，不可能在短时间内看到成效。高等教育的质量标准应该符合高等教育的特征要求，达到国家、社会、受教育者对高等教育的期望水平，这种期望值相对于历史、社会、国度来说，相对稳定。所以，质量标准必须相对稳定，不能朝令夕改，特别是国家层面的基本质量标准具有法律效力，必须具有稳定性。

高等教育质量的内涵随着时代、社会环境各要素、高等教育教育系统本身的发展而发生变化。特别是经济社会的发展以及学生个体的发展都会对高等教育提出不同的质量诉求和不同的标准，所以高等教育质量标准是发展的，与时俱进的。标准要跟上时代的发展变迁，不断地修订以满足社会和个体日益发展的需要。所以说，高等教育质量标准应该是稳定性与发展性的统一。

2. 预设性与外在性的统一

高等教育质量标准具有先验性，人们对高等教育质量进行评价之前，脑海里首先已经存在一个模糊的标准，抑或框架。教育质量标准首先具有指导、诊断、规范教育活动的作用，那么具有预设性的高等教育质量标准，同样会在教育活动开始之前，对高等教育活动起到引导作用。

高等教育质量标准的外在性是质量标准对高等教育活动起到的规范作用，不是从自我或内在的角度而言，而是从外力的角度加以控制。质量标准是由公认机构批准的规范性文件，因此具有权威性。正是因为质量标准具有外在性，我们就更应该考虑到质量标准的公信力，充分考虑质量标准可能带来的风险，制定科学、合理、规范、符合实际的质量标准，尽量避免机械式的控制，倡导高等教育机构自身内在的质量动力。

3. 一元性与多元性的统一

高等教育质量标准的基础性是对一切高等教育的基本质量要求，也是各级各类高等教育都要遵循的基本原则。因此，高等教育质量标准具有的一元性，使各级各类高等教育都有章可循、有据可依，行为规范，避免质量标准的随意化，有效地起到质量标准评价、规范、指导高等教育建设的作用。质量标准的多元性以一元性为基础，表现出高等教育质量标准因主体需求不同而表现出的差异性、多样性。

质量标准的一元性规定了不同时期、不同类型、不同层次、不同区域高等教育的共性，决定了不同利益主体价值诉求的统一性。质量标准的多元性是质量标准在复杂社会中的具体表现形式，是对一元性的补充，表现出质量标准的丰富性、差异性，两者是不可分割的辩证统一的关系。这也是高等教育机构应保持结构多样、层次丰富、特色鲜明的依据。

第三章　国外典型高等教育质量标准分析

如何科学合理地鉴定、评价与提高教育质量是世界各国共同面对的重大课题。虽然，在理论上对教育质量并没有形成统一的认识，但是在实践上，绝大多数国家和世界性组织都从不同的层面、不同的角度积极地寻求评价高等教育质量的方式和相应的标准，对高等教育质量的提高做出了巨大的贡献。本章主要研究英国、美国、俄罗斯以及经合组织、联合国教科文组织等国家和组织对高等教育质量标准的探讨。选取这些国家和组织，主要因为其在对高等教育质量标准的研究和实践上，更具代表性和影响力。

第一节　英国高等教育质量标准[1]

英国的高等教育迄今已有800多年的历史，其严谨的教学态度和较高的培养质量，在世界享有良好的声誉。英国一直以来都不遗余力地致力于质量的保障和标准的研究，业已建立了比较完善的高等教育质量标准体系，并取得了良好的效果。研究英国的高等教育质量标准体系，对建立我国高等教育质量国家标准会有启发和帮助。

一、英国高等教育质量标准的探索

20世纪80年代以后，英国政府改变过去对高等教育质量不闻不问的

[1] 本节内容已经在《现代教育管理》于2017年8月发表。

态度，逐步加强了对高等教育的干预力度。1997 年，英国成立了专门的高等教育质量保证机构——高等教育质量保障局（the Quality Assurance Agency for Higher Education，QAA）来保障和评估高等教育质量。QAA 与高教界及有关人士一起，为英国高等教育制定了一套完整的标准体系，即《学术基本规范体系》，包括学术资格框、学科基准、专业规范和实施规则。此套标准体系一直用于高等学校、校外督察员、学术审查人保障和提高高等教育质量的依据。❶

高等教育质量保障局一直致力于高等教育质量评价的改革与探索。2012 年，高等教育质量保障局与高等学校及各专业部门紧密合作，在广泛征求各界代表和相关人士意见基础上，整合现有学术规范体系，推出一部新的质量准则。从 2012—2013 学年开始，新的质量准则将取代旧的学术规范体系，2018 年又更新了最新版本。❷ 此次整合和修订的目的有四个方面：一是维护英国高等教育学术标准；二是保障英国高等教育机构提供给学生学习机会的质量；三是促进英国高等教育质量持续、系统地改善；四是保证有关英国高等教育的信息向公众公开。❸

英国高等教育质量新准则阐述了所有高等教育机构都要达到的标准。它给所有的高等教育机构一个共同遵守的起点，来设置、描述和保证高等教育所授予学位和课程专业的学术标准以及提供的学习机会的质量。质量新准则也是审查所有高等教育活动的核心参照依据和标准。

二、英国高等教育质量新准则内容

英国高等教育质量新准则力求做到全英国高等教育质量最低标准具有可比性和一致性，在不破坏英国高等教育固有的多样性的基础上保证高等

---

❶ QAA. UK quality code for higher education: a brief guide [EB/OL]. (2018－05－03) [2019－07－10]. http: //www. qaa. ac. uk/Publications/InformationAndGuidance/Pages/quality－code－brief－guide. aspx.

❷ 同❶.

❸ QAA. Protocol for revisions to the UK quality code for higher education [EB/OL]. (2018－05－03) [2019－07－10]. http: //www. qaa. ac. uk/Publications/InformationAndGuidance/Pages/Protocol－for－revisions－to－the－Quality－Code. aspx.

教育机构、学生和公众的利益。新准则包括设定和保持最低学术标准、学术质量保障及提高和向公众提供高等教育信息三部分。❶

1. 设定和保持最低学术标准

高等教育质量新准则的第一部分是设定和维持最低学术标准，见表3.1。学术标准阐述了授予学位的高等教育机构和其他高等教育机构在设定、传递和维持学校标准的期望。它详细解释了高等教育的学术标准是如何设定和维持的，包括一系列有关学术标准的资格框架、描述和指导，并解释了彼此如何联系，共同构建统一的学术标准环境。学术标准共有6项内容：一是国家层面，由原学术规范体系中的《英格兰、威尔士与北爱尔兰高等教育资格框架》和《苏格兰高等教育资格框架》构成；二是学科和资格层面，由原学术规范体系中的《科目基准》以及《基础学位资格基准》构成；三是专业层面；四是批准和审核；五是外部参与；六是学习成绩的评定。❷

表3.1　设定和保持最低学术标准

内容	说明
国家高等教育资格框架	资格框架实际规定了英国高等教育学历和学位的国家水平。资格框架对每一级以及同一级不同类别的学历和学位给出了授予标准
学科和资格层面	学科基准对每一类学科制定了教育标准，明确规定相关学科学生应具备的智力以及应掌握的方法和技能。基础学位资格基准对基础学位课程设计的目的、教学方法、学习产出以及质量保障提供了指导和说明
专业层面	专业规格是一所学校里某一个专业的学术标准和质量准则。描述了专业的预期学习产出和获取产出的途径和方法

❶ QAA. UK quality code for higher education：general introduction ［EB/OL］．（2018－05－03）［2019－07－10］．http：//www. qaa. ac. uk/Publications/InformationAndGuidance/Pages/quality－code－brief－guide. aspx.

❷ QAA. UK quality code for higher education：part a：Setting and maintaining threshold academic standards ［EB/OL］．（2018－05－03）［2019－07－10］．http：//www. qaa. ac. uk/AssuringStandardsAndQuality/quality－code/Pages/UK－Quality－Code－Part－A. aspx.

续表

内容	说明
批准和审核	高等教育机构应该具有系统而有效的程序用以设计、审核、监控和审查专业学习
外部参与	高等教育机构要确保具有独立的外部参与机制，以保障基本的学术标准
学习成绩的评定	高等教育机构对学生的评价应该是全面的、有效的、可靠的，授予学生的学位和学分都是基于学生的成绩

2. 学术质量保障及提高

高等教育质量新准则第二部分是学术质量保障和提高，见表 3.2。质量保障标准详细阐述了高等教育机构设置、传达和保持学术标准的过程以及保障和提高学习机会的质量。其制定的基本原则主要有：学生需要哪些帮助和信息；专业设置和教学是否与就业岗位匹配；提供服务是否体现公平和正义；如何满足学生的学习需要，特别是特殊学生的需要（如非传统学生，半工半读学生、国际学生、预科生和残疾生）；学位授予或证书发放组织与其他高等教育机构的不同责任等。质量保障标准具体包括以下 11 项。❶

表 3.2　学术质量保障及提高

内容	说明
专业设计与批准	确保提供的专业能够实现学生的预期目标并能设置和保持合适的学术标准。注重程序的操作性和有效性
招生	高等教育机构所采用的招生政策和程序，包括选择和录取、申请者信息、投诉和申诉以及政策程序的检测和审查必须清楚、公平、简明、一贯
教与学	高等教育机构要与教师、学生及其他利益相关者共同提出、审查并促进学习机会和教学实践。促使每个学生都能独立、自主、努力学习，培养分析能力、批判能力和创新思维能力

❶ QAA. UK quality code for higher education：part b：assuring and enhancing academic quality. [EB/OL].（2018－05－03）[2019－07－10]. http：//www. qaa. ac. uk/AssuringStandardsAndQuality/quality－code/Pages/Quality－Code－Part－B. aspx.

续表

内容	说明
促进学生的发展与成就	高等教育机构应该具有科学的管理和充足的资源，并能适时监控和评价，促进学生的学术潜能、个人潜能和职业潜能的发展
学生参与	高等教育机构要采取详尽的步骤让所有的学生以个体或集体的形式参与到教育质量保障和提升中，包括学习模式、教学方法、课程等
学生评价及先前学习认定	高等教育机构确保学生有适当的机会来证明他们已经达到了预期的学习结果以获得学位和学分
外部评审	确保外部评审能透明、严格和一致地评审所有高等教育机构，并充分考虑院校的使命、规模、组织结构和教育方案的不同
专业监测与评审	高等教育机构具有合理而有效的程序，能定期监控和审查专业
投诉和上诉	高等教育机构应具备公开、方便、及时的程序以处理学生的投诉
与其他高等教育机构的合作管理	授予学位的高等教育机构承担最终学术标准和教学质量责任，并对其他非授予学位的教育组织提供的教育进行有效管理
研究生学位	高等教育机构要授予研究生学位，必须具有可供研究的良好环境和条件，能促使学生从研究中获得学术成就、个人成就和职业成就

3. 向公众提供高等教育信息

高等教育质量新准则的第三部分是向公众提供高等教育信息，见表3.3。新准则借鉴参考了以前学术规范体系中的实施准则以及其他部分和章节。公开质量信息的主要目的是：与公众最大限度地交流高等教育的目的和价值；帮助准备申请入学的学生做出决定；帮助在读学生最大限度地利用学习机会；确认完成学业的学生所取得的成就；捍卫学术标准，保障和提高学术质量。公开信息主要遵循以下原则：高等教育机构提供的自身信息和学习机会的信息应该清楚、及时、有用；高等教育机构必须要对提供的信息负责；信息应该便于目标受众和信息使用者获取和检索等。其具体内容包括以下7项。[1]

[1] QAA. UK quality code for higher education：part c：information about higher education provision. [EB/OL]. (2018-05-03) [2019-07-10]. http://www.qaa.ac.uk/AssuringStandardsAndQuality/quality-code/Pages/Quality-Code-Part-C.aspx.

表 3.3　向公众提供高等教育信息

主要内容
高等教育机构发布学校使命、价值观和整体战略的信息
高等教育机构要提供专业学习的申请和录取过程的信息
高等教育机构要为即将申请入学的学生提供相关信息，帮助他们选择专业，充分理解他们将要学习的学术环境和学校能给予他们的支持
为在读学生在学习开始和整个过程提供学习专业的信息
高等教育机构要阐明学校对在读学生的期望和在读生对学校的期望
当学生完成学习计划时，高等教育机构要提供给学生一份详尽学习记录的报告
高等教育机构要用具体的描述、数据和信息来保持学术标准和质量提升

三、英国高等教育质量标准体系分析

英国高等教育质量标准为所有英国高等教育机构制定了必须达到的期望以及如何达到期望的条件和保障。这些期望实际上包含了高等教育机构以及公众对于学术标准和质量保障的关键性原则问题。综观英国高等教育质量标准体系，主要有以下几点值得我们思考和学习。

1. 标准的制定：以高等教育质量保障局为领导，多元利益相关者共同研发

英国高等教育质量标准体系的研制和实施，历时多年，倾注了大量相关人员的智慧和心血。标准体系既充分考虑到高校的适用性，也关注到多方利益主体的诉求。标准体系的制定主要以高等教育质量保障局为领导，委托并采纳了大学、专业组织、学生、雇主等多方利益者的建议。高等教育质量保障局力争把主动权交给高校、专家学者以及一线的教师，同时让学生的话语越来越有影响力。

高等教育质量保障局作为高等教育质量标准体系的实际制定者，担负着主要的责任和领导作用。虽然它是一个独立于政府和高校的社会中介组织，但是它的政策规划必须符合和贯彻英国政府有关高等教育的政策精神，集中体现了政府的意志和诉求。在高等教育质量标准体系的研制和实施过程中，高等教育质量保障局主要负责：①开发和推广质量标准；②确

保高等教育机构和评估者在评估过程中使用质量标准；③确保质量标准与评估方法与欧洲的发展相一致；④在质量标准中具体负责开发公共信息部分；⑤为学生和利益相关者的参与提供机会；⑥对标准后续的开发及评价工作及时做出回应等。❶

质量标准体系中相关的学术资格框架、学科基准、基础学位基准以及专业标准等都委托大学、学院、基金组织、专业团体等专家学者共同研究制定。可以说，各专业组织负责了质量标准体系的具体研发任务。对于学生、雇主以及普通公众的意见，高等教育质量保障局主要是通过调查问卷和举办专题研讨会的形式让公众参与到标准的制定和修改中。高等教育质量保障局举办了多次专题研讨会让各界人士参与审查标准的细节，尤其是有关标准的草案。高等教育质量保障局还委托专业的咨询公司调查有关质量标准的意见，并提交详细的调研报告等。各利益相关者的意见都不同程度地反映在标准的制定和修改中。❷

2. 标准的内容：以学生发展为核心，构建系统的质量规范体系

英国高等教育质量标准体系主要针对人才培养而言的。新准则以学生发展为核心，构建了一套系统科学、彼此相连的质量规范体系。

学生是高等教育最重要的参与者，是所有质量保障工作的出发点和落脚点，也是高等教育质量的集中体现者。新准则将满足和适应学生的需要摆在了第一位，明确表示最关注的核心问题是学生。新准则提出了一系列与学生密切相关的重要议题，具体包括：每个学生应该得到公正、平等的对待；学生有权利和机会参与自己的学习设计；学生有便利的途径获取与学习相关的事宜；学生有了解管理和评估相关信息的权利；与学生学习相关的所有政策和流程要明确、透明；高校要关注多元的学生主体，学习模

---

❶ QAA. Explanatory notes for the launch of UK quality code for higher education [EB/OL]. (2018-05-03) [2019-07-10]. http://www.qaa.ac.uk/Publications/InformationAndGuidance/Pages/Explanatory-notes-launch-of-Quality-Code.aspx.

❷ QAA. Responses to the consultation paper on proposals for the national qualifications frameworks [EB/OL]. (2018-05-03) [2019-07-10]. http://qaa.ac.uk/academicinfrastructure/FHEQ/background/response/default.asp.

式和就业需求，并提供相应的政策和支持等。[1]

标准以学生为中心，通过学术标准、质量保障和信息公开构建了一套彼此镶嵌的完整规范体系。体系中的各标准之间存在内在的联系。学术质量标准是对学生取得学位所应达到的水平的规定，而质量保障标准是对如何确保学生能够达到学业标准的规定。学术标准是质量保障标准及质量信息标准的基准；质量保证标准是质量评价标准的依据。三部分内容由质量目标到质量过程再到质量结果，彼此相连构建了一个完整的质量环。整个标准体系涉及人才培养的方方面面，十分严谨合理，既体现了整个国家层面的高等教育质量的一般要求，又给予区域、高等教育机构很大的发挥空间。

3. 标准的应用：通过信息公开和参与，提高标准接受度和执行力

这套高等教育质量标准适用于所有英国高等教育机构，包括英国境内和境外提供的所有的高等教育。标准力求保障所有接受英国高等教育学习的学生的利益，不管是在国内还是国外，不管是全日制学习还是非全日制学习，不管是本科生还是研究生。这套标准体系既是各高等学校保证高等教育标准和质量的政策依据，也是社会衡量、评价、检测高等教育机构质量的依据。标准在具体内容上体现了最大程度的原则性，有效地避免了官僚化和绝对统一化。它既十分注重强调院校内部基本学术规范与高等教育质量保障局所制定规范的相对统一性，同时又兼顾和尊重了各院校的学术自主和特色。[2]

英国高等教育质量标准体系的顺利开展离不开社会公众的理解与支持。通过公开质量信息，增加公众对质量和标准的理解和接受。高等教育质量保障局采用了多种便于公共接受的方式来介绍和讨论高等教育的质量和标准。高等教育质量保障局的出版物向不同的读者（包括学生、未来的

---

[1] QAA. The quality code engages students [EB/OL]. (2018-05-03) [2019-07-10]. http://www.qaa.ac.uk/Publications/Podcasts/Pages/Quality-Code-engages-students-B5.aspx.

[2] QAA. UK Quality code for higher education: general introduction [EB/OL]. (2018-05-03) [2019-07-10]. http://www.qaa.ac.uk/Publications/InformationAndGuidance/Pages/quality-code-brief-guide.aspx.

学生以及对此感兴趣的社会公众）开放并提供相关帮助。英国还专门建立“高等教育质量与标准信息”平台，该平台通过英国高等教育质量信息网站定期发布相关质量信息。为了规范高等学校质量信息发布，国家还制定了《高等教育质量与标准信息指南》，力求大学和学院所提供信息制度化和规范化。[1]

第二节 俄罗斯高等教育国家标准

俄罗斯对于标准的研究和制定一直走在世界的前列。在20世纪90年代末，俄罗斯就开始制定一系列的国家教育标准，并取得了卓越的成效，在世界上引起了广泛的影响。正如俄罗斯联邦高教主任B. T. 吉涅列夫所说："今天各国都在研究制定国家对高等教育结构和内容的规范与标准。而在这方面，俄罗斯可谓世界上取得显著成绩的唯一国家。联合国教科文组织秘书处已向我们提出要求，要我们提供俄罗斯国家高等教育标准，以便在世界共同体国家中推广。"[2]

一、俄罗斯《高教标准》建立的背景

自苏联解体后，俄罗斯的高等教育受到巨大冲击。经费短缺，人才流失，教育质量严重滑坡。为了重塑高等教育声誉，构建统一的教育空间，俄罗斯开始制定高等教育国家标准，为高等教育的质量管理和监控提供法律依据。

1992年《俄罗斯联邦教育法》将高等教育纳入职业教育大纲，授予“学士”学位、硕士学位以及“文凭专家”，相当于我国高等教育中本科教育阶段和硕士研究生教育阶段。1994年俄罗斯制定并颁布了第一代《高教标准》。《高教标准》规定了全国统一的高等教育课程体系，特别是国家对高等教育课程内容及课程容量的总体要求。

---

[1] 李志义．重构我国高等教育质量标准体系［J］．中国大学教学，2013（1）．

[2] 杨雅文，刘振天．俄罗斯高等教育改革与发展的特点［J］．上海高教研究，1998（5）．

2000 年，俄罗斯为加入博洛尼亚进程，开始对《高教标准》进行重新修订。修订后的标准对高校专业框架进行了重新划分，对学习要求进行了重新调整，同时将英国的学位制度纳入俄罗斯高等教育体系中。2007 年，为了适应国家经济发展和满足行业需求，俄罗斯政府联合企业用人单位一起修订了第三代《高教标准》。该标准不但符合俄罗斯教育系统中的优先方向，而且符合博洛尼亚宣言中俄罗斯的教育改革方案。

二、俄罗斯《高教标准》的结构要素

俄罗斯《高教标准》经历了三代，虽然每次都有不少变化，但是标准的整体框架保持了相对的稳定性和连续性。标准主要分为两个层面：一是联邦政府层面对整个高等职业教育总体的规范和要求，包括高等职业教育的体系、层次、修业年限，学生的学业负担以及毕业生应达到的标准等；第二个层面是各专业标准，规定了各个专业和研究方向的具体要求，包括专业培养方向的特点、对基本教育大纲掌握程度的要求等。

1. 俄罗斯《高教标准》之总体要求

《高教标准》的总则由 7 部分组成：①高等职业教育的结构；②基本教育大纲的总要求及其实现条件；③学生学习负担的一般标准及要求；④高等学校在决定教育内容上的学术自由；⑤高等职业教育专业目录的总要求；⑥具体专业的最低限度教育内容和毕业生水平；⑦对遵守国家教育标准之要求的国家监督准则。具体内容见表 3.4。[1]

表 3.4　俄罗斯《高教标准》之总要求

内容	说明
高等职业教育的结构	划分高等职业教育的层次，规定修业年限、授予证书资格等。
基本教育大纲的总要求及其实现的条件	规定基本教育大纲必须包含的必修科目（一般人文与社会—经济科目、数学与一般自然科学科目、一般职业科目和专业科目等）、最低限度必修内容以及学生自选科目和选修科目

[1] 肖甦，王义高．俄罗斯转型时期重要教育法规文献汇编［M］．北京：人民教育出版社，2009：187－188.

续表

内容	说明
学生学习负担的一般标准及要求	规定了各种学习形式的最高学习时间（2010 年后以学分取代了时间）、师生互动时间和放假时间等
高等学校在教育内容上的学术自由	规定高等学校在标准的基础上可以独立自主地研究和运用基本教育大纲及其实施办法以及在现行法律、高等职业教育机构标准条例所规定的其他权利
对高等职业教育专业目录的总要求	规定高等职业教育的目录，应当包含科学、技术、文化最重要的和最有前途的各个领域。每个专业都应具有社会和个人意义
专业最低限度内容和毕业生培养水平	规定了具体专业之最低限度内容和毕业生培养水平的国家要求；标准按每个方向和每个专业分别制定
国家监督准则	规定了标准实施的监督准则、监督机构和违反标准的惩罚措施

2. 俄罗斯《高教标准》之专业标准

专业标准是俄罗斯《高教标准》的主要内容和重点，分为学士、硕士和专家三种。各专业标准的结构要素一般包括八项内容：标准的适用范围、使用的缩写、培养方向特点、职业活动特点、对基本教育大纲掌握程度的要求、对基本教育大纲结构的要求、对基本教育大纲实现条件的要求、对基本教育大纲掌握质量的评估。❶ 具体要求见表 3.5。

表 3.5　俄罗斯《高教标准》之专业要求

内容	说明
适用范围	规定该标准适用的范围，包括层次、类别等
使用缩写	相关术语代码
培养方向特点	掌握基础教育大纲的任务量、期限以及毕业生资格
职业活动特点	职业活动的范围、对象和任务
对基本教育大纲掌握程度的要求	将“对基本教育大纲掌握结果的要求”体现为“对能力的要求”，并将这种能力划分为一般文化能力和职业能力
对基本教育大纲结构的要求	规定了该专业课程类别、学分范围以及每类课程所应培养学生的能力指标

❶ Министерство образования и науки российской федерации. Федеральный государственный образовательный стандарт высшего профессионального образования [EB/OL]. (2013－03－06) [2017－05－10]. http://www.edu.ru/db/portal/spe/3v/220207m.htm.

续表

内容	说明
对基本教育大纲实现条件的要求	对高校基础教育大纲的教学过程、教学方法、学习材料、科研技术以及教学人员提出相关要求
对基本教育大纲掌握质量的评估	指出高校有责任确保学生的培养质量，学校应该制定能够有效评估学生知识水平和学习技能的方法以监测和保障有雇主参与制订的学生培养计划，同时应该确保教师的能力水平，使其能够按照雇主和学校制定的标准进行定期的自我检查与评估

三、俄罗斯《高教标准》的制定和管理

俄罗斯《高教标准》由俄罗斯政府、国家高等教育委员会和专门的国家教育标准委员会审议制定。为了研制国家标准，俄罗斯设立了专门的工作小组，小组成员包括联邦教育科学部、联邦教育监察署、联邦教育发展研究所、联邦重点大学、国立大学教育内容研究所、教学法联合会的专家代表等。❶

俄罗斯《高教标准》的制定和管理主要从三个职能层次上进行。❷

第一层次的管理由联邦教育科学部国家标准制定委员会负责。俄罗斯教育科学部部长任国家标准制定委员会主席，并设立常务工作委员会具体负责。联邦委员会对标准的制定提出纲领性要求。

第二层次的管理由 9 个知识协调委员会和 2 个课程协调委员会负责。知识委员会主要负责国家标准的结构及组成部分的内容、示范性教育计划和教育大纲的结构、专业目录更新等。课程协调委员会主要负责有关学生选择的课程内容及难度要求、各课程内容的最低限度要求和学时数等。

第三层次的管理由教学方法联合会和各课程科学方法委员会负责实施。他们主要负责不同类型学科的教学模式、教学方法、考试形式等方面内容。

❶ 朱小蔓，李铁君．当代俄罗斯教育理论思潮［M］．北京：教育科学出版社，2009：133.

❷ 王嫄．俄罗斯高等职业教育国家教育标准研究［D］．哈尔滨：哈尔滨工业大学，2008.

四、俄罗斯《高教标准》的分析

自1994年以来，俄罗斯制定并颁布实施了三代《高教标准》。近20年来，俄罗斯高等教育取得了显著的成绩，这与其悉心研制并严格执行国家标准密不可分。综观其国家标准的制定与实施，主要有以下经验和特点供我们学习。

1. 标准的定位：明确标准目的，确保法律权威

俄罗斯对于《高教标准》有明确的目的和清晰的定位，并对标准的主要内容有严格的规定。标准作为一种国家教育政策文件，具有法律效力。

首先，明确《高教标准》的目的和地位。《俄罗斯联邦教育法》规定：《高教标准》是考核、评价高校教育质量，特别是高校办学效益和毕业生质量的依据。凡位于俄罗斯联邦境内的、已由联邦（中央）国家高等教育管理机关认证为高等学校的所有教育机构均有义务使用本标准。[1] 这为《高教标准》确立了法律的权威地位。实际上，俄罗斯高等学校的教育质量问题已被归结为是否符合国家教育标准的问题。不符合国家标准的高校，俄罗斯教育部将不接受评定申请。[2]

其次，规定标准的主要内容和框架要素。《俄罗斯联邦教育法》和《高等和大学后职业教育法》都明确规定了《高教标准》的主要内容和基本要素。2007年12月1日第309号联邦法令规定了第三代《高教标准》必须包含的三方面内容，即对基础教育大纲结构的要求、对基础教育大纲实现条件的要求以及对基础教育大纲掌握的要求。[3] 俄罗斯以法律法规的形式规定标准的框架和基本内容，保障了标准的连续性和一致性。所以，三代标准虽然每次都有不少改变，但是基本都在既定的原则和范围内修订，标准也是越来越完善。

---

[1] KOUPTSOV O, TATUR Y. Quality assurance in higher education in the Russian Federation [R]. UNESCO, 2001.

[2] BOLOTOV V A, EFREMOVA N F. The system for evaluating the quality of Russian Education [J]. Russian education and society, 2007, 49 (1).

[3] 李超. 俄罗斯高等职业教育国家教育标准演变研究 [D]. 哈尔滨：哈尔滨工业大学，2011.

2. 标准的研制：三级管理层级、多元主体参与

俄罗斯《高教标准》采取了三级管理、多元主体共同参与研制的方式，取得了较好的效果。

首先，采取了三级制定和管理的模式，并以法律的形式规定了相应的责任和权力。俄联邦层面主要负责宏观的，方向性的把握和定位，具体的课程知识以及教学方法等方面的制定下放给相应的专业组织和团队。国家标准虽然是一种国家意志，但是它具有较强的科学性和专业性，也是一项庞大的工程。分级管理和制定有利于提高效率和科学性。

其次，多元主体共同参与研制标准。俄罗斯《高教标准》主要由政府代表、大学管理者和教师、教育科学研究专家以及雇主参与研制。俄罗斯在这方面也有教训给我们警示。第一、二代标准主要由政府和专家来制定，未能吸纳用人单位的意见。标准颁布实施之后遭到广泛的批评和指责。毕业生无论是在学业还是职业准备方面都无法达到社会的要求，导致有约25%的学生不能就业。在第三代标准研制中，俄罗斯吸取了教训。政府放手对过程的控制，给地方和高校更多的自由和权力。同时，广泛吸纳雇主和企业协会组织参与标准的研制。❶ 所以，第三代标准更加符合实际，执行也更加顺利，效果更加显著。

3. 标准的结构：以专业为载体，以学生发展为中心

俄罗斯《高教标准》的重点和实质是专业标准。标准以专业为基点融合了国家和高校对人才培养的基本要求和具体规定。从纵向上，标准分为学士、硕士和专家层次，三类标准的专业和方向并不完全统一。每一类型的标准都分别制定，目前俄罗斯有接近500个专业标准。从横向上，标准分为联邦的“基本要求”和专业的“具体要求”。每个培养方向的人文、自然科学和公共专业培养的教育大纲都根据国家教育标准确定。❷ 它保障了毕业生在知识、能力和技巧等方面的基本要求。各个专

---

❶ Розина Н. О разработке нового поколениягосударственных образовательныхСтандартов [J]. Высшееобразование в России，2007（3）.

❷ 谢那塞宁可，哈林．高等职业教育培养方向目录：第三代国家教育标准的组成部分［J］．李艳辉，译．俄罗斯高等教育，2007（3）.

业方向的要求由该学科专业联合会主持制定，由政府主管部门最后审批通过。它促使毕业生知识、能力的多样性和特色性，以便更好地适应不同职业和岗位的要求。《高教标准》保证了个人与社会的结合，统一与灵活的结合。

《高教标准》以学生为中心，更加关注教育结果的评价以及学生个体的发展。特别是第三代标准，明确提出既要关注学生的专业学习，也要关注学生的个人发展，即“对学生的知识、技能和态度进行综合评价，将学术评价和需求总价进行综合”。❶ 对于毕业生的素质能力要求是专业标准的重点和核心，俄罗斯开始越来越注重学生的创新能力、实践能力以及综合能力的发展。在标准中也以各种形式体现，对于课程的要求也开始从单科知识范例向跨学科知识范例的转变，具有相当的创新思想。❷

第三节　美国高等教育认证标准

在美国，联邦政府及教育部没有制定直接的高等教育质量标准，主要通过高等教育认证制度来保障高等教育的基本质量要求。正如伯顿·克拉克所讲：“认证是高等教育中，通过审查或评估或二者兼有，若院校或院校中的专业得到认可，则表明达到了可接受的最低标准的质量控制和质量保证的过程。”❸ 美国高等教育认证主要有两种：院校认证和专业认证。

一、美国院校认证

院校认证是指高等学校外的机构对学校的外部评估，从整体上考察高等院校的办学条件和办学效果是否达到认证标准。院校认证的主要作用是

---

❶ CHUCHALIN A, BOEV O, KRIUSHOVA A. The Russian system of higher education in view of the bologna process [J]. International journal of electrical engineering education, 2007, 44 (2).

❷ 肖甦，王义高. 俄罗斯教育制度 10 年变迁 [M]. 北京：北京师范大学出版社，2003：79.

❸ BURTON C, GUY N. The encyclopedia of higher education: analytical perspectives [M]. Oxford: Pergamon Press, 1992: 1305.

通过使高等院校接受外部评估标准，提高其教育质量，促进学校对公众的责任，使教育消费者获取更多的信息，进而协助学校获取充足的经费进行良性的发展。

（一）美国高等教育院校认证机构

美国高等教育认证机构是一种非政府、非营利的组织。认证机构要想获得认证资格，必须首先通过美国教育部或美国高等教育认可委员会的认可。目前美国高等教育院校认证机构有三种类型：地区性高等教育认证机构、全国宗教信仰类高等教育认证机构和全国职业类高等教育认证机构。❶

目前，被美国高等教育认可委员会和美国教育部共同认可的认证机构共有14个，其中地区性高等教育认证机构共8个，认证对象为公立、私立非营利的两年或四年制学位授予院校3025所；宗教信仰类高等教育认证机构4个，认证对象为宗教信仰类的非营利学位授予院校449所；职业类高等教育认证机构2个，认证对象为职业类（包括远程教育的高校）院校745所。❷ 其中，以地区性高等教育认证机构影响最为广泛。

（二）院校认证标准

认证标准是高等教育认证制度的重要组成部分。由于认证的目的、理念以及传统等的不同，美国8个地区性高等教育认证机构的认证项目略有差异，但总体上都集中在四个方面：办学目的、办学条件、办学措施、办学成效。其中办学目的包括院校的使命、目标等要素；办学条件包括院校的物质资源、技术资源、人力资源、财政资源等；办学措施包括院校的规划、项目、管理等；办学成效包括学生质量、学术成果等，具体见表3.6。❸

---

❶ CHEA. Recognized accrediting organizations [R]. Washington D. C.: Council for Higher Education Accreditation, 2008.

❷ EATON J. Accreditation and recognition in the United States [EB/OL]. (2008-09-19) [2018-09-10]. http://www.chea.org/pdf/Accreditation_and_Recognition_PP_Nov08.pdf.

❸ 赵婷婷，张彦通．高等教育评价模式的理论探讨［J］．高等教育研究，2008（1）．

表 3.6　美国地区性高等教育认证标准

机构	中部地区高等教育委员会	南部地区大学委员会	新英格兰地区的高等教育机构委员会	西北地区大学委员会	西部地区大学与学院认证委员会	中北地区高等教育委员会
认证标准	1. 使命和目标 2. 计划、资源配置、制度更新 3. 制度资源 4. 领导与行政 5. 管理 6. 院校的完整体系 7. 制度评价 8. 学生入学与保留 9. 学生支持服务 10. 教师 11. 教育提供 12. 通识教育 13. 相关教育活动 14. 学生学业评价	1. 使命 2. 行政与管理 3. 教育成效 4. 全部教育规划 5. 本科生计划 6. 研究生和学士后专业计划 7. 教师 8. 学生事务与服务 9. 财政资源 10. 物质资源 11. 政策与程序的实质变化 12. 符合其他委员会的政策 13. 认证地位的表现	1. 使命与目的 2. 计划与评价 3. 组织与管理 4. 学术计划 5. 教师 6. 学生 7. 图书馆和其他的信息源 8. 物质和技术资源 9. 财政资源 10. 信息公开 11. 院校的完整体系	1. 使命、目标、计划及效果 2. 教育规划与效果 3. 学生 4. 教师 5. 图书馆和信息资源 6. 行政与管理 7. 财政 8. 物质资源 9. 院校的完整性	1. 界定教育目的确保教育标 2. 通过核心功能实现教育目的 3. 开发应用资源与组织结构，确保可持续性 4. 创建一个学习与提高的组织	1. 使命与完整体系 2. 未来准备 3. 学生学习与有效教学 4. 知识的获取、发现与应用 5. 雇佣与服务

（三）院校认证特点分析

1. 认证标准制定的主体

美国的认证机构基本都是非官方的、非营利为目的的自治组织。美国联邦政府通过认证机构间接地对高等院校进行管理，联邦政府和州政府不直接参与认证标准的制定。院校的认证标准主要由各区域的认证委员会与学校共同研究制定出来。标准的制定人员主要包括认证委员会成员、学校内部具有丰富经验的教师和行政人员和少数的社会公众。美国院校认证标准的制定主体体现了多样性，多样的主体可以从各自的角度对高等教育提出要求，使最后所制定出来的标准更具科学性，并且可以获得更广泛的认可度，便于在标准的执行中得到学校以及公众更好的理解和支持。

2. 认证标准的内容

（1）标准的全面性。

从美国院校 6 个认证机构的认证标准来看，标准大多比较全面，基本涉及教育质量的各个方面，比如：院校的使命、目标、整体战略规划、组织管理机构、专业设置、课程、教职工、招生、学校财务状况、图书馆以及其他硬件设备、社会公众参与学校管理等多个方面的内容。每一项标准都从某一个维度对教育质量做出要求，相互协调，共同构成一个完整的标准体系来保证院校教育质量。[1] 虽然各地区的认证标准有所差异，但是设计质量的核心要素和标准都会涵盖，比如高校的使命和目标、办学条件以及必要的质量保障等。

（2）标准的差异。

美国的院校认证标准有足够大的弹性，标准具有一定的差异性，主要表现为两点。一是不同院校直接的标准有所不同。各区域认证机构根据卡内基的高等教育机构分类法将院校分为六种类型或层级，根据不同类型高校的使命以及特点制定相应的认证标准，能够充分体现不同层次、不同类型大学的差异性，使认证活动真正起到保障作用，并能促进高校教育质量的提高。二是美国高等教育认证机构虽然在院校认证标准内容上有特别详

---

[1] 王云儿．美国高等教育认证制度发展新趋势探析与启示［J］．中国高教研究，2011（2）．

细的说明，包括每一项目需要提供哪些方面的材料等都有明确的规定，但是这些标准并没有从形式上给予严格的要求，而是只要达到其目的就可以。这样就使各高校可以从自身的特点出发，选择适合自己的发展路径，从而实现高校的个性化发展。[1]

（3）标准的发展性。

美国认证标准每年都要根据高等教育的发展规律及美国政府的政策等做相应的调整。[2] 许多专家学者认为原有认证标准所强调的教育资源与教育质量的相关性并不是想象的那样高，资源的充足只能作为保证教育质量的一个必要的条件。[3] 认证标准开始从对资源输入和供给充足的关注转向对学生以及学生学习结果的关注。[4] 例如，中北部认证委员会 2002 年在标准中强调“院校要建立学生学业成绩评价体系，而且指出评价体系应记录学生主要技能的熟练程度，连续的通识教育完成情况，与所获学位的相应知识水平以及教师对学生评价以及学分的控制情况”[5]。

“以学生为中心，关注学生学业成就”已逐步成为教育认证机构对院校认证的核心动态内容。对学生学业成就的重视在一定程度上是对以声誉和资源等标准为基础的高等教育认证的超越，对当今美国高等教育认证界具有引领性的影响。

二、美国高等教育专业认证

专业认证是针对教育机构所开设的专门职业性专业教育进行评估，这

---

[1] 高潇怡，张永军．试析美国高等教育认证机构的院校认证标准［J］．外国教育研究，2009（3）．

[2] EATON J. *The higher education opportunity act of* 2008：what does it mean and what does it do?［EB/OL］．（2008－09－19）［2018－09－10］．http：//www. chea. org/ia/IA_2008. 10. 30. html.

[3] NCA－HLC. Summary of policies related to the higher education opportunity act［EB/OL］．（2014－03－13）［2018－09－10］．http：//www. ncacihe. org/index. php? option = com_content&task = view&id = 317&Itemid = 80.

[4] 杨院，史秋衡．高等院校认证标准的辨析——以美国院校认证标准为例［J］．高校教育管理，2007（4）．

[5] 熊耕．试析美国高等院校认证标准演变的逻辑——以中北部大学与中学协会的认证标准为例［J］．比较教育研究，2004（7）．

些专门的职业性专业主要涉及医药、法律、建筑等学科。高校的专业认证一般属于自愿性质，并以此为荣。美国专业认证标准的核心与院校认证标准较为一致，专业认证标准也十分强调专业与职业要紧密联系，要求把学生的利益放在首位，充分满足学生的需要。❶

(一) 专业认证机构

美国专业认证是由专门职业协会会同该专业领域的教育工作者一起进行的。在具体实施过程中，不同的专业认证机构的成员组成各不相同。目前，从成员构成情况来看，专业认证机构基本可划区分为四种类型。❷

第一类，完全由专业人员组成的专业协会组建的专业认证机构，其成员全部是个体开业者，如美国牙医学会、美国物理疗法学会等。第二类，由相关高等学校共同组成的联合体授权的专业认证机构，其成员是高等学校，如美国工商管理学院联合会、全国音乐学院协会等。第三类，由专业协会和高校联合会共同组成的专业认证机构，其成员既有高等学校也有个体开业者，如美国学政教育协会。第四类，由两个以上的机构联合设立的专业认证机构。如美国法院协会与美国法学院协会相互协作共同对法学高等教育进行认证，全国教育协会与师范教育学院协会联合建立的全国师范教育认证委员会等。

(二) 专业认证内容

由于专业本身存在的差异，美国高等教育专业认证内容存在较大的差异，但整体来说，基本会包括：①教师队伍；②学生质量（学习成绩、分析与解决问题的能力、实验报告水平等）；③课程设置；④教学设施与设备；⑤行政管理水平；⑥学校对其相关专业的态度等。接下来，以美国工程技术认证委员会为例，分析相应的认证标准。❸

ABET 的认证标准每年都在更新变化。最新的 2012—2013 年工程专业

---

❶ 孙晓新．美国高等教育专业认证制度探析［D］．长春：东北师范大学，2010.

❷ 胡赛凤．美国高等教育专业认证制度探析［D］．武汉：中南民族大学，2009.

❸ ABET. Criteria for accrediting engineering program［EB/OL］.（2013－02－03）［2018－09－10］. http://www.abet.org/uploadedFiles/Accreditation/Accreditation_Process/Accreditation_Documents/Current/eac－criteria－2012－2013.pdf.

认证标准包括适用于基本水平专业的一般标准、适用于研究生水平专业的一般标准及专业标准三部分内容，见表 3.7。其中，适用于基本水平专业的一般标准是全美高校各本科层次工程专业应该达到的基本要求，它也是认证标准的核心组成部分，具体有 8 项内容。[1]

表 3.7　ABET 基本水平专业的一般标准

内容	一般标准
学生	此项标准对学生的表现进行评估。学生、毕业生的质量和成绩是重要的考虑因素。学校必须对学生进行评估、指导和监控，从而使毕业生达到专业教育目标
专业教育目标	毕业学生预期掌握什么知识或者会做什么的能力评价
学生核心能力	申请认证的工程专业必须证实其毕业生具有以下 11 种能力： 1. 应用数学、自然科学和工程学知识的能力 2. 工程设计、分析和解释数据的能力 3. 根据需要设计系统、部件或过程的能力 4. 多学科团队协作能力 5. 对工程问题的识别、分析以及解决能力 6. 职业道德和伦理责任的认知能力 7. 有效沟通的能力 8. 宽厚的教育基础，能够认识到工程对于经济、环境、社会乃至世界的影响 9. 对终身学习的正确认识和学习能力 10. 与当代问题相关的知识 11. 在工程实践中运用各种技术、技能和现代工程工具的能力
持续改善	定期对教育目标和学生学习成果的实现程度进行评估和评价，并利用评估结果作为驱动力，进一步提高、完善本专业
课程	课程设计及内容须与专业的教育目标一致。课程组成包括： 1. 为期一年的大学数学和基础科学课程。其中基础科学包括生物、化学和物理 2. 工程科目，含工程科学和工程设计，其内容应适合学生的学习领域，为期一年半 3. 通识课程应与专业领域课程相互均衡，并与专业的目标一致

[1] ABET. Criteria for accrediting engineering program [EB/OL]. (2013 - 02 - 03) [2018 - 09 - 10]. http://www.abet.org/uploadedFiles/Accreditation/Accreditation _ Process/Accreditation _ Documents/Current/eac - criteria - 2012 - 2013. pdf.

续表

内容	一般标准
教师	申请认证的工程专业应配备足够的老师；教师与业界广泛交流，包含国际交流、校际交流、产学合作等；学校应实施鼓励教师专业持续成长的措施
设施	应有教室、办公室、实验室和相应设备，形成有利于学习的氛围，对学生如何使用工具、计算资源、实验室提供适当的指导，以使学生达到一定的学习成果
行政支持	应得到适当的学校支持、财政经费和有效的领导，以保证工程专业的教学质量和持续发展

（三）专业认证的特点分析

1. 专业与职业的紧密联系

美国的专业认证协会通常会把学校中的教师、行政人员、学生和社会上富有经验的从业人士组织起来，加强他们之间的联系和互动。校外的学术组织会直接或间接地影响大学的教学和管理、课程的设置、实施以及教师的聘用等活动，同时也推动了先进技术的共享和办学经验的提高，使高校的专业发展紧跟时代步伐，与实践相连。保证了专业的不断进步和发展，使学生能够不断接受前沿的知识，保证了所学的理论与实践密切结合。❶

2. 市场化与国际化相结合

美国认证机构与实业界的密切联系，使认证标准不至于脱离社会实际。认证标准能够及时反映国家和社会的需求，反映专业领域的最新变化与发展状况。❷ 美国的认证机构还积极保持与国际接轨，其认证标准力求能在世界上通行，成为国际化的标准。例如，工程技术认证委员会在标准制定上不断推陈出新，研究并推行最能反映工程教育实质的标准，以此来促进工程教育的改革。同时，标准力求具有国际视野与前瞻性。作为一个国际化的组织，工程技术认证委员会也为美国之外的工程教育专业提供认

❶ 孙晓新．美国高等教育专业认证制度探析［D］．长春：东北师范大学，2010.
❷ 骆健，等．美国工程教育专业认证现状及启示［J］．中国电力教育，2012（28）.

证，帮助其他国家筹建相关的认证机构，制定认证标准。同时，也积极推动各国工程教育专业学位和工程师资格的相互认可等。❶

3. 过程性与结果性评价标准相结合

美国以往的认证更多关注过程，因为质量本身需要通过过程控制来实现其变化趋势，结果性的评价标准越来越受到关注。例如，美国工程教育认证中有一个明显的特点，就是都对工程类专业学生应具有的能力和素质做出了明确的规定❷。标准中详细规定了申请认证的工程专业毕业生必须具有的 11 种能力。这 11 条标准也成为整个认证标准中的核心标准，包含了毕业生应该具有的基本素质和技能。过程标准是围绕学生毕业标准，也就是教育目的和培养目标紧密相连。过程标准和结果标准必须镶嵌，共同构建了专业人才质量的基准。

第四节　美国卓越绩效教育标准

美国“卓越绩效教育标准”（以下简称“标准”）是美国国家标准和技术委员会在 1988 年组织专家学者和一线教育管理人员精心研制的美国国家质量奖的评价标准。这套标准体系不但可以用于鉴定学校的教育质量，还可以用作学校进行自我评估的参照系和质量管理的标准工具。“标准”为学校教育工作者提供了一个质量标准框架以改进学校管理，促进所有学生的发展。

一、“标准”的框架体系

“标准”的框架由三部分组成：学校介绍、系统的运行部分和系统的基础部分。“标准”的框架结构如图 3.1 所示——它就像行进中的自行车，使整个系统相互关联、协调配合，在运动中得以发展。❸

❶ 胡赛风．美国高等教育专业认证制度探析［D］．武汉：中南民族大学，2009．

❷ 赵婷婷．工程教育专业认证标准的特点［J］．大学·研究与评价，2008（1）．

❸ National Institute of Standards and Technology. Baldrige national quality program 2011 - 2012: education criteria for performance excellence［M］. Gaithersburg, MD: NIST, 2013: IV.

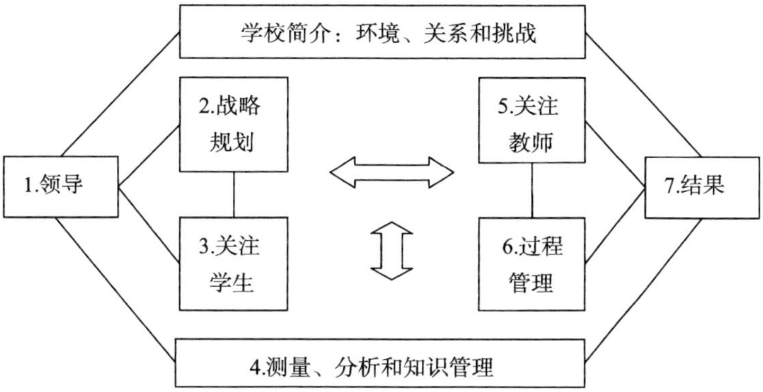

图 3.1　“卓越绩效教育标准”框架体系

（1）学校简介。旨在说明学校的运行背景状况。主要包括学校的内外部环境、学校的内外部关系、学校面临的竞争、挑战以及学校的绩效改进体系等。

（2）系统的运行部分。其由 6 个类目组成，确定了组织运行以及所取得的结果。领导、战略规划和学生、利益相关者组成了领导三元组，旨在强调领导聚焦于战略和学生、利益相关者的重要性。关注教师、过程管理和结果组成了结果三元组。学校的员工和关键过程完成了学校的工作从而产生绩效结果。框架中心的水平箭头连接起领导三元组和结果三元组。双箭头表明一个成功的绩效管理系统中反馈的重要性。

（3）系统的基础部分。测量、分析和知识管理对于一个基于事实和数据的运作、知识驱动的绩效改进体系，发挥着至关重要的作用。

二、“标准”的指标体系

“标准”的评价指标体系由 7 项一级指标和 19 项二级指标构成，详见表 3.8。二级指标下有具体的评分要点，每个要点都有一系列开放性问题，教育机构根据问题作答，评审专家根据各评分项的要求对参评单位进行评价。[1]

[1] National Institute of Standards and Technology. Baldrige national quality program 2011—2012: education criteria for performance excellence [M]. Gaithersburg, MD: NIST, 2013: 3.

表 3.8 “卓越绩效教育标准”指标体系

条目	分值	类目	分值
领导	120	1. 高层领导 2. 治理与社会责任	70 50
战略策划	85	1. 战略制定 2. 战略实施	40 45
关注学生和利益相关者	85	1. 学生、利益相关者的要求 2. 学生、利益相关者契合	45 40
测量分析与知识管理	90	1. 组织绩效的测量、分析和改进 2. 信息、知识和信息技术的管理	45 45
关注教职员工	85	1. 员工环境 2. 员工契合度	40 45
过程管理	85	1. 工作系统 2. 工作过程	45 40
结果	450	1. 学生学习、过程的结果 2. 关注学生和利益相关者的结果 3. 关注教职工的结果 4. 领导和治理结果 5. 预算、财务和市场的结果	120 90 80 80 80

（1）领导。主要考察学校高层领导如何引领学校可持续发展。包括学校的治理结构以及学校如何确立自己的法律、道德和社会责任以及如何支持其所在社区。

（2）战略规划。考察学校如何建立和实施战略目标和行动计划，以及如何依据客观情况调整改变并检测进展。

（3）关注学生和利益相关者。考察学校如何与学生及利益相关者契合以长期赢得市场。契合策略包括学校如何建立以学生及利益相关者为中心的文化。

（4）测量、分析和知识管理。考察学校如何选择、收集、分析、管理和改进学校的数据、信息和知识资产以及学校如何管理信息技术，也检查学校如何来评审其绩效，并利用评审结果改进组织绩效。

（5）关注教职员工。考察学校如何聘用、管理教职工。如何促进教师的发展，以激发员工的全面潜能，使之与学校的整体使命、战略、行动计划相一致；也考察学校如何创造一个有利于教职工发挥才能的环境。

（6）过程管理。考察学校如何设计工作系统。如何设计、管理和改进关键过程来保证工作系统的实施，从而为学生和利益相关者创造价值并达成学校的成功和可持续发展。同时也考察学校应对突发事件的能力。

（7）结果。检查学校在关键领域的绩效和改进，包括学生的学习结果、预算、财务和市场结果以及领导和治理的结果。同时考察学校的绩效水平与竞争者的相对水平。

三、“标准”的核心价值观

“标准”秉承 11 条核心价值观：①前瞻性领导；②以学生为中心的教育；③组织的和个人的学习；④重视教职工和合作伙伴；⑤敏捷性；⑥关注未来；⑦促进创新的管理；⑧基于事实的管理；⑨社会责任；⑩关注结果和创造价值；⑪系统的观点。这 11 条价值观彼此镶嵌，是学校取得成功的关键要素。核心价值观以提高学校的高绩效为特征，嵌入教育的整个体系之中。“标准”的核心价值观集中体现于以下几点。

（1）以学生为中心，追求卓越。“标准”认为学生的表现和质量是由学校中的学生和利益相关者来评价的。所以，学校的教育方案和服务必须为学生和利益相关者贡献价值。这样才能使学生和利益相关者认可、满意和忠诚；学校既要满足学生和利益相关者今天的需要还要预测到他们未来的需要以及市场的潜在需求。以学生为中心的学校不仅是其教育方案和服务的特点能满足学生和利益相关者的基本要求，而且要区别于其他竞争者，形成自己的特色。

（2）基于事实，创新管理。“标准”认为学校的管理依赖于绩效的准确测量和分析。测量应取决于学校的发展需要和战略，提供关键过程和结果的重要数据和信息。绩效测量应该聚焦于学生的学习。测量的领域包括学生的背景、学习风格、学习兴趣、学术优缺点、对教学和服务的满意、辍学率、入学率、毕业后情况等。通过对数据的分析来支持评价、决策和改进。分析需要用数据来确定趋势、展望尚不明晰的因果关系。

创新意味着实施有意义的改变，创新会使学校的绩效进入一个新的境界。创新已不再只是研发部门的领地，它对于向学生提供不断改进的教育价值以及改进所有的教育和运营过程都十分重要。创新应该成为组织的学习型文化的组成部分。创新应融入日常工作中去，为绩效系统所支持。

（3）关注结果，创造价值。“标准”认为组织的绩效测量应注重关键的结果。比如学生学习、过程的结果，领导和治理的结果，预算、财务和市场的结果等。这些结果应当被用于学生及核心利益相关者创造价值和平衡其相互间的利益。通过为学生和核心利益相关者创造价值，学校建立了公众的信任并对经济社会做出了贡献。学校为了平衡不同利益群体的需求差异和利益冲突，在发展战略中就应明确地纳入核心利益相关者的关键要求，以满足和平衡不同的利益相关者的需要，避免对任何一方造成不利影响。

四、“标准”的特点分析

1. *理论基础：以全面质量管理为指导，注重结果绩效*

美国的实践证明全面质量管理理念和系统方法是适合于学校管理的。“标准”以全面质量管理为理论基础，反映了当代先进的管理理论和组织行为学思想，充分体现了消费者的理念、“增值”绩效的观念、以人为本的思想以及系统的观念。显然，这样的理念和指标有助于学校坚持以学生为本、视质量为生命，并不断提高管理绩效，更好地满足学生及社会的需求。[1]“标准”不但关注学校教育过程的管理，更加重视结果的绩效。在所有7项一级指标1000分中，结果一项指标450分，几乎占了总分的二分之一。而结果中关于学生学习和过程的结果占120分，是所有五项结果中比重最重的。“标准”以全面质量管理为依据，全员参与，关注管理的全过程，但是更加注重结果绩效的考察，这样既便于测量和分析，更给予不同的院校以管理过程发挥的空间。

---

[1] BLAZEY M L, DAVISON K S, EVANS J P. Insights to performance excellence in education 2001: an inside look at the 2001 baldrige award criteria for education milwaukee [M]. Wisconsin: ASQ Quality Press, 2001: 31.

2. 核心思想：以学生发展为中心，整合教育的关键问题

“标准”以学生为中心、以促进学生的卓越发展为目标，力图营造良好的学校环境。该“标准”整合了重要的教育观念和教育组织的特定需求。①“标准”把首要重点放在了教学和学习上，因为这是教育组织的首要目标；②对于所有的教育组织来说，“标准”重点强调的是学生的学习，但具体到学校的任务、角色和教育方案等方面，将因为学校类型的不同而不同。③“标准”强调学生是教育组织中最关键的顾客，此外还有多方利益相关者，如家长、教职工、用人单位、其他学校、社区等。总之，“标准”以学生为中心，把学生的学习和发展作为学校的首要使命，同时兼顾了不同利益相关者的利益诉求。学校评价绩效指标逐年调整，特别是在学生学习方面的指标，以此适应学生自身和需求的变化，以求达到最佳水平。

3. 运行机制：以系统的观点，指标的方式，促进学校持续改进

“标准”以系统的观点来建立学校的整个运行体系。它用战略测量指标和过程测量指标来反映学生、利益相关者的价值实现和学校整体绩效的改进过程，并动态地沟通和强化这些测量指标之间的联系，来实现过程管理的有效性和整体绩效的改善。特别是当学校的战略和目标发生改变时，这种校准就显得更为重要。“标准”利用各种测量指标，将各种不同的活动引导到一致的方向上，从而在学校管理中并不太需要详尽的程序、集中决策或过于复杂的过程管理。测量指标既是沟通的手段，也是绩效管理的基础。一套均衡组合的绩效指标的应用，为沟通长、短期的重点事项和监控实际绩效提供了一种有效的手段，也为结果的改进提供了明确的基础。学校通过对各项指标的自我检测，不断调整具体策略，从而使学校朝着既定的使命运行，并争取在绩效改进方面处于领先位置。

4. 适用范围：非规定性，具有普适性

“标准”是以结果为导向而设置的，具有非指令性和一定的普适性。“标准”具有科学的评价指标和详细的评价标准，但是并没有规定：①学校应该如何架构；②学校应该设置哪些职能部门；③学校不同的部门是否应该以同样的方式进行管理。这些因素因学校不同而异，而且它们可能随

着需求和战略的发展而发生变化。该“标准”是非指令性的有以下几方面的原因：①“标准”的重点是结果，不是程序、工具或者学校组织结构。“标准”鼓励学校以创造性、适应性和灵活的方法来实现学校的发展和提高；②对工具、技术、制度和组织结构的选择通常取决于组织的类型和规模、组织关系、组织的发展阶段以及员工的能力和责任等；③对于共同需求而非共同程序的注重，有助于促进理解、沟通、共享、联盟和整合，同时支持对策的创新和多样性。鉴于“标准”的非指令性，所以它具有一定的普适性，适合于不同类型和层次的学校使用。

美国“标准”在教育界的实践表明，学校改革不仅需要理论的指导，更需要标准的驱动。质量标准的核心内容必须是学生的发展，不管是基础教育还是高等教育，评价一所学校的教育质量，学生的发展水平是根本标准。标准既要关注教育的过程，更要聚焦教育的结果，以结果为导向，给予不同学校灵活、创新的操作空间。标准要体现基于学校自身基础的发展提升以及同类院校的比较，指标体系的设定既要有宏观的统一性，又要有微观的针对性。

第五节　美国高等教育质量新标准

美国全国学生学习投入调查（The National Survey of Student Engagement，NSSE），是一个针对全国范围内四年制本科院校学生投入高层次学习和发展程度的年度调查。NSSE 从学生投入各项有效学习活动的程度来体现大学教学质量，从某种程度上讲，它是评价大学教育质量的新趋势和新标准。

一、产生背景

20 世纪 90 年代，随着高等教育学术界对院校认证和大学排行等高等教育评估形式的理性反思，人们发现，传统的院校评估和大学排行多侧重学校的资源条件等，对于学生在校的学习投入程度和学习过程以及学校在促进学生学习方面的举措等学习质量议题相对较少。1998 年，本着“以学生为中心”的理念认识，美国皮尤慈善信托基金会（Pew Charitable Trusts, PCT）资助成立一个工作组，由全美高等教育领域著名专家参加，讨论教育质量评价存在的问题。经过深入探讨后，全美高等教育管理中心与美国印第安那大学高等教育研究中心和印第安那大学调查研究中心合作，共同研发了 NSSE。

自 2000 年 NSSE 推行以来，已有 1 400 余所本科院校参与了此项评价，其数量已占到了美国四年制本科院校的 4/5，参与评价的学生总数累计超过 200 万人。❶ NSSE 的影响力已超越美国本土。我国清华大学、厦门大学也引进并且做了汉化处理，开展了广泛和深入的研究。

二、测量内容与方法

1. 测量内容

NSSE 主要针对多元的学习生活，调查学生的学习行为、学校投入有效教学实践的努力以及学生对学校促进学习和自身发展的程度，主要涉及三方面内容：学校的做法和要求、学生行为和学生对学校的满意度。NSSE 研究团队将问卷条目的关键性问题根据其在教育实践中的具体意义归类到有效教育实践五项指标中：即学术挑战水平、主动合作的学习、师生交互水平、教育经验的丰富度、校园环境支持度，以此构成了有效教育实践指标体系，见表 3. 9。❷

表 3. 9　全国学生学习投入调查测量指标

内容	说明
学术挑战水平	富有挑战性和创造性的学习对大学生的学习和大学生素质至关重要。学校通过强调课程要求与设定学习的高标准来提高学生的学习成就

❶ 罗斯，等．清华大学和美国大学在学习过程指标上的比较：一种高等教育质量观［J］．清华大学教育研究，2008（2）.

❷ 罗晓燕，陈洁瑜．学生学习为中心的高等教育质量评估——美国 NSSE“全国学生学习投入调查”解析［J］．比较教育研究，2007（10）.

续表

内容	说明
主动合作的学习	旨在测量学生对合作学习以及学习的投入程度。学生若能广泛投入各项学习，主动思考并在不同环境中运用所学，将学得更多。而团队合作有助于学生更好地应对大学及日后可能会遇到的种种意外难题
师生交互水平	通过调查学生是否曾与教师讨论、进行合作研究等活动来测量师生的互动程度。学生能从大学教师身上学到这些专家思考和解决实际问题的技能与知识。教师是学生的行为榜样，是他们持续终身学习的引导者
教育经验的丰富度	测量学生是否获得丰富多彩的教育经验。除了课本知识，实习计划、学习社区等教育经验可补充课堂学习之不足，让学生整合与应用其所学，并学到更多有意义、有用的知识、技能或态度。多元化的体验让学生了解自身和不同文化，推动同侪及师生合作，促进学习
校园环境支持度	具有支持性的校园环境能提高学生的学习质量。大学如果关注学生成功并能提供体现积极工作和社会关系的校园，学生会有更好表现。NSSE 也测量校园环境是否能对学生学习提供有效助力

2. 测量方法

（1）调查对象。

NSSE 根据高校学生的参与程度来衡量高校的教育质量，其主要通过问卷的方式汇聚信息，整理分析。为了确保评价的科学性和可比性，NSSE 依据卡内基 2010 年的高校基本分类法，把高校分为 8 类：研究实力顶尖的研究型大学、研究实力较高的研究型大学、具备能培养博士的研究型大学、拥有大型项目的并具备培养硕士资格的学院或大学、拥有中等项目的并具备培养硕士资格的学院或大学、拥有小型项目的并具备培养硕士资格的学院或大学、本科文理学院、本科学院其他学科。[1] 调查以大一年级和大四年级学生为主，并且至少在学校就读两个学期以上，以利于比较新生

---

[1] NSSE. Fostering student engagement campus wide annual results 2011 ［EB/OL］.（2011－12－01）［2018－09－10］. http：//nsse. iub. edu/ NSSE _2011 _ Results/pdf/ NSSE _2011 _ AnnualResults. pdf.

与老生在学习质量和经验上的落差，具体呈现学生的整体学习经验。

（2）调查形式。

NSSE 调查有三种形式：①纸版：学生会收到书面的邀请信和纸质问卷；②网络版：学生通过网络填写问卷来完成调查；③以网络为主的方式：学生会收到电子邮件，请他们完成网络版调查。如果学生没有回音，学生会收到附有纸版问卷的催缴信，其他学生则仍以网络方式联系。NSSE 提供三种文字的问卷：英文、法文、西班牙文。

（3）数据分析与反馈。

问卷回收后，对学生的答案总分进行平均与加权，以获得每个学校在五个评估指标方面的原始总分。为了能清晰地显示出各类院校的平均得分情况，NSSE 还制定了基准评分的方法。该方法用框图显示了分别在第 5%、第 25%、第 50%、第 75% 和第 95% 位置上的调查成绩分布。项目组对各校在五个评估指标中的表现做出年度报告。参与 NSSE 的院校可以通过基准评分图，了解到各类不同院校的平均得分，排名前 10% 的院校得分概况和 NSSE 当年的整体得分情况，优、中、劣的水平一目了然。❶

三、特点分析

（1）评价主体：独立的第三方机构。

NSSE 是一个非官方性质的跨校调查，目前管理这个调查系统的是印第安纳大学中学后研究中心、印第安纳大学调查研究中心以及全国高等教育管理系统中心。由教育研究与评鉴专家及公众代表组成全国监督委员会，负责对项目进行监督。独立于政府和调查高校以外的第三方评价身份，保证了评价结果的独立性和中立性。另外，该项目包括教育研究专家、各州教育监督机构、社会公众代表组成的外部质量鉴定团队对调查结果进行复审，以确保调查的真实性和可信度。❷

---

❶ 岳小力．基于学生参与经验问卷调查的高等教育评价新途径——美国 NSSE 的理论和实践［D］．上海：复旦大学，2009.

❷ 韩菊花．美国“全国大学生学习投入性调查”评价项目研究［D］．北京：首都师范大学，2008.

（2）评价方法：科学客观。

NSSE 采用日常评价的方式，即评价不在短暂的时间和空间内集中进行，而是分散在二到三个月内，通过信件、网络等方式进行调查，此举大大减少了评价专家组人员，缩短了现场考察时间。另外，项目对学生进行单独调查的方式，有效避免了院校的行政干预，更易获得真实的原始信息，能够客观、有效地反映高校的实际情况。NSSE 对所有参与高校的调查结果进行汇总，建立了庞大的全国大学生数据库。根据参与院校的实际情况提供个性化的调查报告，并提出有针对性的改革建议。

（3）评价内容：以学生为主体。

NSSE 倡导“以学生为本”的评价理念，关注学生大学四年学习过程中的主观体验和个体发展情况。NSSE 的研究内容丰富，体现重在关注学生的专业精神。在 NSSE 五大调查核心内容中，有调查学生学术发展的，有调查学生主动合作学习的，有调查生师互动的，有调查教育经历的，有调查给予支持的校园环境。这些调查内容，都“以学生为本”，既全盘了解，又关注细节；既具体透彻，又不零乱琐碎。[1]

（4）评价结果：具有可比性。

NSSE 采用了统一的问卷，调查项目主要涉及有效教育实践五项指标。这些问题和项目是所有大学生都经历和感受的问题，这在某种程度上使调查具有一定的普适性和可比性，也是 NSSE 项目的创新点和亮点。NSSE 使同一院校内部不同学科专业之间、同类高校之间及国际上不同高校之间的比较成为可能，为不同专业、不同学校高等教育质量的比较研究提供了实证数据支持。它提供了可以在不同时间、不同个体甚至不同类型的高等院校间进行比较的指标。

---

[1] 程欣．高校质量评估的新范式——美国 NSSE 2011 年报告解析［J］．中国大学教学，2012（9）．

第四章　国际组织高等教育质量标准比较

第一节　欧洲高等教育学术资格与质量保障标准

1999 年欧洲 29 个国家的高等教育部长签署了《博洛尼亚宣言》，立志建立一个统一的欧洲高等教育区，以提高欧洲高等教育的国际竞争力和吸引力。2003 年欧洲委员会重申高质量的高等教育的重要性，并提出在整个欧洲层次建立一个共同的质量核心标准，以保证高等教育质量的透明度、可比性和兼容性。2005 年欧洲高等教育区教育部长会议在挪威卑尔根召开。部长会议正式宣布采用欧洲高等教育区学术资格框（Framework of Qualifications for the European Higher Education Area）。❶ 要求各国的学术资格都要与欧洲高等教育区的学术资格兼容。同时，肯定了欧洲高等教育质量保证网络所制订的欧洲高等教育区质量保证标准和准则（The Standards and Guidelines for Quality Assurance in the European Higher Education Area），并要求各国的质量保证体系都要遵循这一标准和准则。❷ 从此，欧洲高等教育区有了自己的学位标准和质量保障标准。

---

❶ Main documents: framework of qualification for the European higher education area [EB/OL]. (2005 - 01 - 30) [2018 - 09 - 10]. http: //www. bologna - bergen2005. no/.

❷ Main documents: European quality assurance standards [EB/OL]. (2005 - 01 - 30) [2018 - 09 - 10]. http: //www. bologna - bergen2005. no/.

一、学术资格框架

欧洲高等教育区的学术资格框架中规定了学士、硕士和博士三个不同层次学位各自的期望学习产出，并规定了学士和硕士层次的学分值。三个学位层次的学习产出主要基于学生掌握知识与理解能力、应用知识与理解能力、做出判断、交流能力和学习能力几个方面描述了学生的一般能力和学科特定能力，具体标准描述见表 4.1。[1]

表 4.1　欧洲高等教育区的学位标准

学位	标准
学士学位	1. 具备在普通中等教育之上的某一领域内的知识和智力能力，典型水准包括学生所学领域高级教科书中的某些前沿知识。 2. 能以专业的方法在工作或职业中应用其知识和智力能力，典型表现是在其学习领域内据理争辩，从事设计和解决问题。 3. 能收集和解释相关数据（通常是在其学习领域内），以做出正确的判断，包括关于社会、科学或伦理问题的见解。 4. 能与专家和非专家交流信息、思想、问题以及解决办法。 5. 具有高度自主地进修所必需的学习技能
硕士学位	1. 具有基于第一学位并经过扩展和加强的知识和智力能力，从而为在研究中开发和应用原创性思想提供基础或机会。 2. 能在新的或不熟悉的大环境或多学科环境下，在其所学领域内，应用其知识和智力能力解决问题。 3. 在不完整或有限的信息下，能综合知识、处理复杂问题并作出判断，包括对于相关社会和伦理责任提出见解。 4. 能与专家和非专家清晰而明确地交流其结论，以及支持其结论的知识和基本原理； 5. 具有主要靠自定方向或自主地进行持续学习的学习技能

[1] Main documents: framework of qualification for the European higher education area [EB/OL]. (2005-01-30) [2018-09-10]. http://www.bologna-bergen2005.no/.

续表

学位	标准
博士学位	1. 在所学领域内具有系统的智力能力，掌握该领域内的研究技能和方法。 2. 能基于学者的完善性构思，设计和进行一个可持续研究过程。 3. 通过原创性研究做出贡献，即开发了有重大价值的工作，扩展了知识前沿，其中包括某些成果被刊登在国内或国际经评审的出版物上。 4. 有能力对新的和复杂的思想进行批判性分析、评估和综合。 5. 能与同行或更大的学术圈，甚至与普通社会成员交流其专长。 6. 可以预期在知识社会中，有能力在学术和专业范围内，推动技术、社会或文化进步

二、内部质量保障标准

2005 年出台的欧洲高等教育机构内部质量保障标准，致力于提升教育水平惠及欧洲高等教育区内的所有学生，帮助高校改善管理，增强高教系统的透明性和公开化，以推动高等教育一体化进程。该标准共涉及七方面的内容：质量保障的政策和程序；审批、监督和定期检查计划奖励；评估学生；教学人员的素质保障；学习资源和学生支持；信息体制；公共信息。具体见表 4.2。[1]

表 4.2　欧洲高校内部质量保证的标准

项目	标准
质量保证的政策和程序	高等学校应该制定一项政策和相关的程序，以确保其专业和学位（学历）授予的质量和标准。高校还应该态度鲜明地致力于发展一种文化，这种文化承认质量和质量保证在其工作中的重要性。为了达到这一目标，高等学校应该开发和实施一项策略，以持续提高质量。这种策略、政策和程序应该有一个正式的地位，并公布于众。其中也应该包括学生和其他与高校利益相关者的作用

[1] European Association for Quality Assurance in Higher Education. Standards and guidelines for quality assurance in the European higher education area [EB/OL]. (2015－11－28) [2018－09－10]. Helsinki: European Association for Quality Assurance in Higher Education, 2005.

续表

项目	标准
专业和学位（学历）授予的批准、监控和周期性的审查	高等学校应该有正式的机构负责批准、监控和周期性的审查本校的专业和学位（学历）授予
对学生的评价	高等学校应该始终如一地使用已公布的准则、规章和程序对学生进行评价
教学人员的质量保证	高等学校应该有令自己满意的方法，使参与教学的教师是有任教资格，并能胜任工作的。这些方法应该提交给外部审查人，由他们在报告中予以评论
学习资源和学生支持	高等学校应该确保用于支持学生的资源是充分的，并且适合于每个专业
信息系统	高等学校应该确实保证他们收集、分析和使用了对于各专业和其他活动实施有效管理的相关信息
公共信息	高等学校应该定期公布最新、公正和客观的关于各专业和学位（学历）授予的信息。这些信息既有定量的，也有定性的

三、外部质量保障标准

欧洲高等教育质量外部保障机构的共同目的是维持和提高欧洲高等教育区的高等教育质量，而其顺利有效运行的前提是严格遵守欧洲高等教育外部质量保障体系的标准。欧洲高校外部质量保障标准总有 8 项，见表4.3。[1]

表 4.3　欧洲高校外部质量保障标准

项目	标准
运用内部质量保证程序	外部质量保证程序应该考虑内部质量保证程序的有效性

[1] European Association for Quality Assurance in Higher Education. Standards and guidelines for quality assurance in the European higher education area [EB/OL]. (2015－11－28) [2018－09－10]. Helsinki: European Association for Quality Assurance in Higher Education, 2005.

续表

项目	标准
外部质量保证过程的开发	应该先由所有的责任承担者（包括高等学校）共同确定质量保证过程的目标和目的，随后开发过程本身。然后将目标和目的连同所用程序的说明一起公布
决策的准则	任何作为外部质量保证活动的结果的正式决策都应该基于始终如一地使用的、明确公布的准则
适合目的的过程	所有外部质量保证过程都应该专门设计，以保证能适合于设定的目标和目的
报告	报告应该以清晰而易于为预期读者群接受的风格写作，并公布于众。报告中包括的决定、推荐和建议应该易于为读者识别
后继程序	包括行动建议或要求有进一步行动计划的质量保证过程应该有预定的、始终如一地予以执行的后继程序
周期性的审查	院校和专业的外部质量保证应该周期性地进行。周期的长度和所用的审查程序应该事先清晰地确定，并予以公布
全系统范围的分析	质量保证机构应不时发表扼要的报告，阐述和分析在审查、评估和评价中具有普遍性的调研结果

四、质量保障机构标准

欧洲高等教育区各国的外部质量保证机构将是得到国家正式承认的、有法定地位的权威机构。这些机构将根据公开的目标和目的，依靠充分的人力和财力，按照国际惯例，实施外部质量保证工作的全过程，包括学校自评、专家组对自评报告的评价和对学校现场的访问、报告和后继程序。欧洲高校外部质量保证保障机构的标准有 8 项，见表 4. 4。[1]

[1] European Association for Quality Assurance in Higher Education. Standards and guidelines for quality assurance in the European higher education area [EB/OL]. (2015－11－28) [2018－09－10]. Helsinki: European Association for Quality Assurance in Higher Education, 2005.

表 4.4　欧洲高校外部质量保障机构的标准

项目	标准
高等教育外部质量程序运用	外部质量保证机构应该考虑外部质量保证过程的存在和有效性
法定地位	外部质量保证机构应该得到欧洲高等教育区内有法定资格的公共当局的正式承认，以作为负责外部质量保证的机构，并应该有公认的法律根据。它们必须遵守所在法定管辖区的所有要求
活动	外部质量保障机构应定期进行院校或专业层次上的外部质量保障活动
资源	外部质量保证机构应该拥有相称而充分的人力和财力资源，使它们能够高效而又有效地组织和运行外部质量保证过程，并具备适当的条件来进一步发展它们的过程和程序
使命陈述	外部质量保证机构应该在公布于众的陈述中清楚而鲜明地表明工作目标和目的
独立	外部质量保证机构应该达到这样的独立程度，既做到对其运作自主负责，又做到其报告中的结论和建议不受高等学校、政府部门或其他与高教利益相关者等第三方的影响
外部质量保证准则和过程	外部质量保证机构所使用的过程、准则和程序应该是预先制订好的，并且是公布于众的。这些过程通常应包括： 质量保证过程主体的自评或与之等效的过程。 由专家组进行的外部评价和现场访问。如果适当的话，专家组应包括一个或多个学生。访问与否，是由外部质量保证机构决定的。 报告的公布。报告中包括决定、建议等。 后继程序，用以审查质量保证过程主体按报告中的建议所采取的行动
绩效问责程序	外部质量保证机构应该有适当的绩效问责程序

五、特点分析

1. 欧洲高等教育区学位标准的特点

（1）以学生学习的结果和能力为基础。

欧洲高等教育区的学位标准通过学生的学习结果和能力来规定学士、硕士和博士各级学生毕业时应达到的标准和要求，将标准的重点放在学生“学到了什么”上，即“一个学生在完成一种学习经历后知道了什么、理解了什么和能够证明什么的一份陈述”。基于学习结果的标准具有很强的针对性和指导性。目前，这一方式正逐渐成为世界各国制定学位标准的趋势。❶

（2）具有统一性和多样性。

欧洲高等教育区的学位标准以能力为基础，规定了每一层次学位授予应达到的一般知识和能力要求，这些基本要求是所有学生都应该达到的。学位标准有效地统一了欧洲的人才培养规格，有利于各国学位制度的互认以及学生在欧洲和国际市场上的交流。然而，欧洲高等教育区学位标准的制定并非以牺牲各国的传统特色来换取统一性，它只是起到一个基准或参照系作用，各国和各高校可根据自身的需求来制定不同学科和专业更为详细的学位标准，从而体现欧洲学位标准的多样性。❷

（3）具有国际性和时代性。

欧洲学位标准的制定基于国际化视野，以能力为切入点，统一规范欧洲高等教育区各国的学位结构和人才培养标准；同时将视野伸向欧洲高等教育区之外的国家，使学位标准具有国际可比性，促进不同国家人才的国际流动，服务于学生的学习和就业。标准体现了强烈的时代精神。毕业生不仅要掌握本专业的基本知识和基本理论，还要具有对所学专业问题进行分析、综合、判断、评价和批判的能力；对有关社会、科学和伦理问题的判断能力等；学位标准对这些要求都有所交代，并以明确的语言表述知识、能力和素质的具体内容。❸

2. 欧洲高等教育质量保障标准的特点

（1）多方参与，公开透明。

欧洲高等教育质量保障标准的制定与实施过程是一个多方参与，公开透明的集体智慧的建构过程。首先，标准的建立由欧洲大学协会、欧洲高等教育质量保证网络，欧洲高等学校协会和欧洲各国学生联合会的广泛参

---

❶ GONZALES J，WAGENAAR R. Tuning educational structures in Europe：reference point for the design and delivery of degree programmes in business [M]. Bilbao：Universidad de Deusto，2008：78.

❷ 程海霞. 欧洲高等教育学位标准的特点及其对我国的启示 [J]. 纺织教育，2011 (2).

❸ 尉健慧. 西方国家学士学位标准及其启示 [J]. 中国高教研究，2009 (5).

与合作❶，其执行过程也与高等教育机构、学生代表和劳动力市场代表等利益相关者广泛征求意见。在内部质量保证评价过程中，高等教育机构内部的策略、政策和程序也考虑到了学生和其他利益相关各方的地位和作用；在外部质量保证过程中，专家组成员也吸纳了学生成员❷；在质量保证机构的外部评审过程中，与学生代表进行深入的讨论，了解并吸收了他们的意见。

（2）国际交流与合作。

高等教育质量保证并不仅仅是欧洲所关心的问题，世界各国都越来越重视高等教育的质量和标准。欧洲高等教育要在知识经济时代激烈的国际竞争中实现自己的愿景，就必须加强国际合作，具有国际视野。因此，标准的制定虽然主要是由欧洲高等教育质量保证网络负责的，但实际上是一个多方合作的过程，其中涉及很多不同的组织和小组，并且借鉴了其他的质量保证机构网络和协会的经验。外部质量保证过程中评审团成员要保证有一定数量的国际专家，这样可以为评价提供视野更广阔的见解，还可以提高评价的公信力。❸

（3）一般原则而不是具体要求。

考虑到欧洲高等教育区拥有 40 多个国家，每个国家在政治体制、高等教育制度、社会文化和教育传统、语言等方面都有各自不同的特点，并且多样性被公认为欧洲的优良传统。因此，制定一个统一的质量方针和质量保证标准是不合适的。《标准与准则》的重点在于确定质量保证的一般原则，而不是具体要求，要保证各高等教育机构的自治，让各机构发展自己的质量保证文化、政策和策略。因此，在质量保证评审过程中，要看各

---

❶ Standards and guidelines for quality assurance in the European higher education area - 3rd edition [EB/OL].（2015 - 11 - 28）[2018 - 09 - 10]. http://www.enqa.eu/files/ESG_3edition%20（2）.pdf.

❷ 邓国民．欧洲高等教育区高等教育质量保证体系及启示［J］．广东广播电视大学学报，2013（3）.

❸ Guidelines for external reviews of quality assurance agencies in the European higher education area [EB/OL].（2005 - 10 - 10）[2018 - 09 - 10]. http://www.enqa.eu/files/Guidelines%20for%20external%20reviews%20of%20quality%20assurance%20agencies%20in%20the%20EHEA.

高等教育机构是不是做到了实质上的符合，而不是机械的达标。[1]

第二节　联合国教科文组织全民教育质量标准

联合国教科文组织一直关注教育的质量问题，在其举办的多次高等教育大会和国际质量保障论坛中，都把教育的质量作为重要议题，并就教育质量发表重要报告和宣言。教科文组织专门成立了提高教育质量处，并在世界范围讨论的基础上提出了一个完整的教育质量框架，为认识、监测和提高教育质量提供了路标。[2]

一、教育质量框架产生的背景

2000 年，联合国教科文组织在达喀尔举办的世界教育论坛，将教育质量问题列为论坛的一个焦点。在综合分析全球普及全民教育现状的基础，论坛发表了《达喀尔行动纲领》，提出应保证将教育质量列为全民教育作为目标之一，突出强调质量的地位。2004 年 9 月，教科文组织国际教育局又以“使所有年轻人获得高质量教育：挑战、趋势和优先领域”为主题，举办了第 47 届国际教育大会。2005 年教科文组织所发表的“全民教育全球监测报告：教育质量势在必行”，在全民教育框架内对教育质量问题作系统论述，并最终提出个整体的教育质量框架。[3]

二、教育质量框架的主要内容

1. 对教育质量的理解

联合国教科文组织认为界定教育质量应该坚持两条原则：首先，要将

---

[1] Standards and guidelines for quality assurance in the European higher education area - 3rd edition [EB/OL]. (2005 - 10 - 10) [2018 - 09 - 10]. http: //www. enqa. eu/files/ESG_3edition%20 (2). pdf.

[2] 联合国教科文组织．全民教育：提高质量势在必行——2005 年全民教育全球监测报告 [R]. 北京：中国对外翻译出版公司，2005.

[3] 联合国教科文组织．全民教育：提高质量势在必行——2005 年全民教育全球监测报告 [R]. 北京：中国对外翻译出版公司，2005.

学习者的认知技能发展认定为一切教育系统的主要明确目的。因此，特定教育系统能否成功地做到这一点，便成为衡量其教育质量的一项指标。第二项原则强调教育在促进负责公民应具有的价值观和处世态度以及在培养创造能力和情感发展方面所发挥的作用。❶ 为此，教科文组织提出的教育质量的基本思想是：①有质量的教育首先是保障基本人权的教育；②有质量的教育足建立在德洛尔四大学习支柱基础之上的；③有质量的教育旨在将学习者培养成为兼具个体、家庭成员、社会成员和全球公民四种角色能力的人；④有质量的教育具有地方适切性和文化适应性；⑤有质量的教育构建的是知识、生活技能、态度和价值观并提供可持续发展的能力。❷

2. 教育质量框架标准

联合国教科文组织将与质量密切相关的内容划分为学习者的个体层面和教育管理与行政结构的制度层面，形成质量框架见图 4. 1。前者直接关涉质量的核心，即人作为质量的载体以及影响其学习质量的直接因素；后者则是政府提供公共服务的外部体系，也是对质量产生决定影响的重要部分。❸

该质量框架的核心是学习和学习者。其视野已超出以往以认知能力为主的教育质量观。质量框架提出以后，教科文组织已率先尝试在其教育计划与活动中的应用，并形成专门的质量监测指标，见表 4. 5。❹

三、教育质量框架的特点

教科文组织提出的全民教育质量框架由两个层面、十个主要内容构成，体现了在基本人权指导思想、终身教育与可持续发展指导下的教育理念，以及教科文组织的人文主义传统和以人为中心的教育思想。

---

❶ 董建红．联合国教科文组织教育质量框架探析［J］．教育发展研究，2007（11A）．

❷ 胡玲．教育质量：内涵、评估及改进策略——联合国教科文组织对提高教育质量的关注［J］．大学（研究与评价），2008（11）．

❸ UNESCO. Contributing to a more sustainable future：quality education，life skills and education for sustainable development 2005［EB/OL］．（2005 – 10 – 10）［2018 – 09 – 10］．http：//www. unesco. org/education.

❹ ROSS K N，GENEVOIS L. Cross – national studies of the quality of education：planning their design and managing their impact［R］．International Institute for Educational Planning，2006.

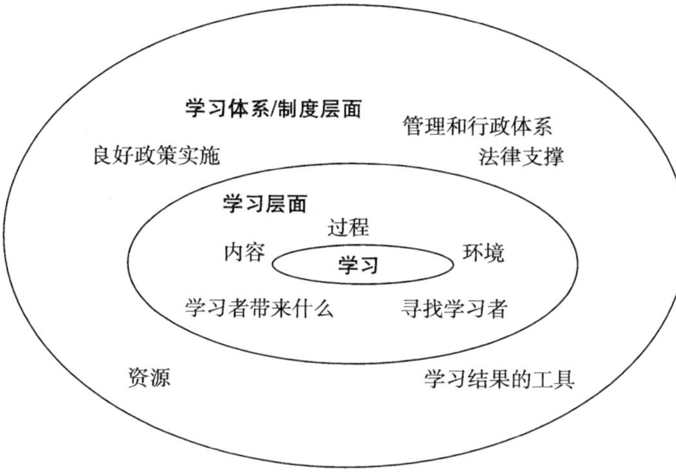

图 4.1　联合国教科文组织教育质量框架图

表 4.5　全民教育质量监测指标

维度	指标	评价内容
A1 寻找学习者	教育机会 教育权利（全纳） 教育援助	教育不分性别、地区与语言等 特殊教育需求 边远地区学习者、弱势群体
A2 学习者带来了什么	多元化背景 多样化技能	利用不同的学习者/教师力量开展学习活动 首选基于学习者生活经验的课程内容
A3 过程	合适的教学 平等性 相互尊重	教师教育原则的应用 课堂互动 开展开放与相互尊重的讨论、公开表达观点
A4 内容	知识 技能 态度 行为	基础技能（读写算、交流）、教材知识 批判思维、问题冲突解决技能 信息技术 跨文化交流 团队协作 行动责任
A5 环境	学习环境 社会心理环境	建筑标准、卫生标准、教学设施标准、装备标准 消除校园暴力、强迫行为、体罚等现象 尊重教师

续表

维度	指标	评价内容
B1 行政管理体系	学习者为中心体制 管理监督制度	灵活的时间安排 制定明确的规章制度 提拔程序透明 家长与社区的积极参与
B2 政策实施	促进健康与安全的学校政策 健全的学校政策体系 促进均衡的学校政策	满足健康与安全标准的制度 学校员工了解、认可并在自己专业发展中执行有关规章 学生入学数据与人口分布数据一致
B3 法律体系	国家负责保障教育质量 劳动法与教育法一致 弱势群体受教育机会补偿措施	适当的规定、制定并实施质量标准、基础教育参与率覆盖全体学生 参加工作的最低年龄限制 有效的奖学金制度、孤儿与弱势儿童的救助系统
B4 资源	人力资源 时间资源 经济资源	充足而合格的各级各类教师、教师专业发展制度 学年时间、教学准备时间、教学任务时间 教育经费占 GDP 比例、单元支出比例、均衡配置地区资源
B5 学习结果测量	知识 价值观 技能 行为	基础性认知成就领域：读写、计算、核心课程 性别平等、包容度、尊重人权 问题解决、团队合作、学习能力 实践转化

1. 全纳性

教科文组织的教育质量框架试图从宏观层面构建一幅大质量的图景，把享有教育权利的人和人的全面发展作为质量的中心要素。质量框架作为一个整体，面向所有人，面向各级各类教育。实行全纳教育政策、原则和方法，有来自人文、经济、社会和政治等方面的原因，同时也是实现个人发展以及在个人、群体和民族间建立积极关系的一种手段。有质量的教育也是全纳的教育。目的是让所有学习者全面参与，同时教授宽容的态度和

行为，使前者成为构建全纳与参与经济和社会发展的动力。❶

2. 生活性

教科文组织认为，“教育质量即生活质量”❷。有质量的教育需要在教育中使用生活技能的方法。原因是，一方面，学习各种技能将帮助个体、社会和劳动力获得成功的生活；另一方面，人们将各种技能运用到广泛的人类活动中，可以与家庭和社区成员沟通交流、和睦相处。他们需要学会和运用认知、反思、自理和社会技能，更为重要的是具备终身学习的能力，可以更新和开发新的技能的能力。增强对社会经济变化的适应性，也就意味着拥有终身就业的能力。

3. 包容性

正如诺贝尔文学奖获得者沃雷·索因卡所说，“文化是知识的第一源泉，对自然的了解起始于当地文化”❸。教育质量也需要包容多种文化、语言和文明。只有对学习者的语言、文化和知识给以充分的尊重，才能构建一个全民学习的社会。多样性将整体的和跨学科的方法融为一体，同时兼顾社会、文化和经济的考虑，保证将所有的少数民族群体纳入全民教育计划中，也包括制定性别平等的教育政策。它是一个教育思想、模式多元化和方法多样性在内的教育质量框架。

第三节　经合组织高等教育学习成果测评标准

“高等教育学习成果测评”是经合组织研制开发的针对即将获得学士学位的大学生所进行的测试。目的是开发一个标准，使在世界范围内评估

---

❶ 董建红．联合国教科文组织教育质量框架探析［J］．教育发展研究，2007（11A）．

❷ UNESCO. Contributing to a more sustainable future：quality education，life skills and education for sustainable development 2005 ［EB/OL］．（2005－10－10）［2018－09－10］．http：//www. unesco. org/education.

❸ 联合国教科文组织．全民教育，提高质量势在必行——全民教育全球检测报告 2005［R］．巴黎：联合国教育、科学及文化组织，2004：38.

比较高等教育机构的教学质量和学生的学习质量变成可能。❶

一、高等教育学习成就测量产生的背景

经合组织的研究发现，20 世纪 90 年代以来国际上盛行的诸多高校排行、评价项目都过于关注高校的科研成果和学术声誉，却忽视了教育教学与学生培养。经合组织希望设计专门工具，以评价各国高校的教育教学水平和学生学习成果，帮助各国政府对高等教育的改革发展做出正确的决策。2008 年，经合组织教育部长会议在东京召开，会议集中讨论了高等教育质量的评估。通过与国际专家的三轮磋商后，经合组织决定研制开发“高等教育学习成果测评”项目。❷ 高等教育学习成就测量将直接评价学生的学习成果，即学生在毕业时掌握的知识及拥有的能力。高等教育学习成就测量的目的是开发一个标准，使在世界范围内评估、比较高等教育机构的教学质量和学生的学习质量变成可能。

二、AHLEO 的测试方法与内容

高等教育学习成就测量测试在学生即将获得学士学位时进行，测试其在各个领域都需要具备的技能——通用技能，和各个学科领域学生具备的学科专业技能。高等教育学习成就测量项目已经成功地研制出通用技能问卷、经济学和工程学问卷。

1. 通用技能测评方法和标准

“通用技能”的测量工具是以美国教育援助委员会研发并已推广使用的“大学生学习测试”（Collegiate Learning Assessment，CLA）为基础，具体结构见图 4.2。为了保证该测试的跨文化有效性，参与国纷纷对其进行了必要的翻译和修改。通用技能测评工具的翻译过程包括如下步骤：由资深翻译者进行双向翻译；调整和复查双向翻译；在认知实验室检测经过调

---

❶ OECD. AHELO brochure ［EB/OL］.（2012－02－19）［2018－08－08］. http：//www. oecd. org/dataoecd/37/49/45755875. pdf.

❷ 高光，张民选．经济合作与发展组织的三大国际教育测试研究［J］．比较教育研究，2011（10）.

整的双向翻译；基于认知实验室的发现调整各国的翻译。

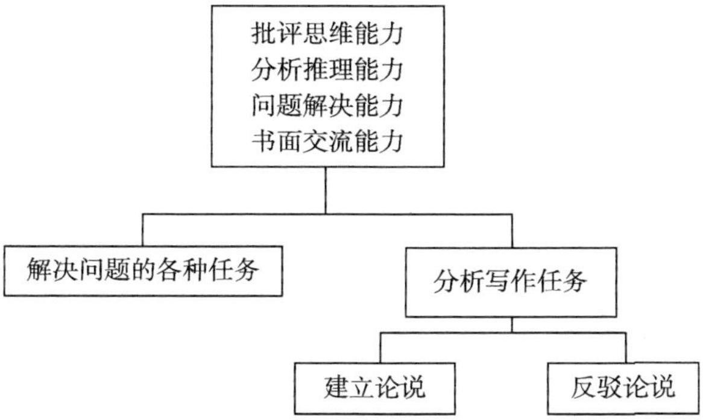

图 4.2　美国大学生学习测试结构

接受通用技能测试的学生将被要求用 90 分钟时间完成一个或者两个呈现给他的绩效任务。该任务要求学生应用一系列综合技能，包括批判性思维、分析推理、问题解决和协作交流，来回答大量的开放性问题。这些开放性问题都假设了一个现实的情境，需要学生从不同来源（书信、地图、备忘录等）来收集必要的证据。[1]

2. 经济学测评标准

高等教育学习成就测量项目组认为，尽管世界各国对于经济学学科专业技能应该包括什么仍存在很大的争议，但有一些是大家共同认可的。例如，解决经济问题的方式，当代经济学家所要达到的目标，以及达到这些目标所需要克服的约束和限制。基于此，高等教育学习成就测量将重点考察学生用“经济学语言”解决实际问题的能力，包括知道并且理解基本的经济学概念，会应用这些概念，能使用恰当的工具来评估某个经济学问题，会分析数据并表达其分析结果。

经济学测评工具的开发分为两个步骤：一是经济学框架的制定；二是基于框架的经济学测评问卷的制定。美国教育考试服务中心（Educational

❶ OECD. Testing student and university performance globally：OECD's AHELO［EB/OL］.（2012-02-19）［2018-08-08］. http：//www. oecd. org/. document / 22 / 0 % 2C3746 % 2Cen_2649_35961291_40624662_1_1_1_1%2C00. html.

Testing Services，ETS）引导了经济学框架的开发以及经济学测评工具的评估。这一框架注重五项学习目标，如表 4. 6 所示。❶

经济学测评时长 90 分钟，包括一个复杂的绩效任务和大约 45 道多项选择题，具体标准见表 4. 6。这两项任务都避免引导学生回忆简单的知识，而是将重点放在超越内容的技能上，包括概念的应用以及应用适当的统计学和非统计学工具得出结论并对政策提出建议。经济学评价最初是用英语开发的，现在已经被翻译成意大利文、俄文和荷兰文。

表 4. 6　经济学学习成果测评标准

内容	百分比（%）	标准
学科知识和理解	25	1. 清晰连贯地掌握经济学语言。包括清晰地定义宏观和微观经济学领域中的标准术语，解释基本概念的能力。 2. 清晰连贯地掌握宏观和微观经济学的原理，同时在经济学论辩中具备用清晰且让人信服的语言阐释观点的能力。 3. 解释经济主体（个人、家庭、公司、政府等）如何做出选择，并解决相关的经济决策问题。 4. 有能力解释经济系统的基本运作方式，并分析政策在这个系统中扮演的角色。 5. 有能力找出模型和分析方法的缺点和不足
学科知识和应用	45	1. 在特定研究领域中有效地应用经济学推理和方法的能力（如市场、财政、环境、健康、劳动力市场、国家贸易等）。 2. 运用经济学推理形成和评估经济方面的建议和政策，上述建议既包括针对个人的，也包括对公共部门
有效运用相关数据和定量分析方法	20	对经济学和社会数据信息来源有足够的了解，包括如何找到和在哪里找到这些数据，以及分析处理数据的能力

❶ OECD. Tuning - AHELO conceptual framework of expected and desired learning outcomes in economic［EB/OL］.（2012 - 02 - 19）［2018 - 08 - 08］. http：//www. oecd - ilibrary. org/education/tuning - ahelo - conceptual - framework - of - expected - and - desired - learning - outcomes - in - economics_5kghtchwb3nn - en.

续表

内容	百分比（%）	标准
有效交流	5	向专业和非专业人士传递和解释经济学参数的能力。既包括口头表达能力也包括书面表达，可能涉及运用网络、电脑和投影设备的能力
习得独立学习技能	5	1. 就某一系列经济学问题进行战略性和批判性思考。 2. 在经济学领域提出和探索问题的能力。包括判断问题的研究价值，知道运用合适的方法进行研究并得出结论的能力

3. 工程学测评标准

与经济学不同，世界各国专业人士在工程学及其人才培养方面所达成的共识要广泛得多，许多国家都有工程学的学习框架。高等教育学习成就测量工程学框架和工程学测评问卷旨在考察学生应用工程学语言的能力以及专业工程师所必须掌握的非技术能力。

工程学框架和评价工具的开发由澳大利亚教育研究委员会（Australian Council for Educational Research，ACER）领衔，由一些国际组织参与共同完成。工程学测评框架认为该学科的学习成果应该包括一般技能、基本技能和工程科学、工程分析、工程设计、工程实践等五项学习成果，具体标准见表 4.7。❶

表 4.7　工程学学习成果测评标准

内容	百分比（%）	标准
一般技能	10	1. 在团队中有效地行使自己职权的能力。 2. 与工程师团队及其他社团进行有效交流的能力。 3. 在今后的生涯中意识到并切实参与终身学习。 4. 对与工程学相关的多学科背景有一定了解

❶ OECD. A Tuning – AHELO conceptual framework of expected desired/learning outcomes in engineering [EB/OL]. (2012 – 02 – 19) [2018 – 08 – 08]. http://www.oecd – ilibrary.org/docserver/download/fulltext/5kghtchn8mbn.pdf? expires = 1329637123&id = id&accname = guest&checksum = F2D6035773979DA55C3DB2A5B25F18A7. 2012 – 2 – 19.

续表

内容	百分比（%）	标准
基本技能和工程科学	45	1. 对所在分支工程学的科学和数学规则有一定的知识和理解。 2. 对所在分支工程学的关键方面和概念有系统的理解。 3. 对所在分支工程学有全面的了解，包括最新的热点话题
工程分析	15	1. 应用所掌握的知识，通过已有的方法来鉴定、表达和解决工程学问题。 2. 应用所掌握的知识来分析工程学产品、过程和方法。 3. 选择和应用相关的分析和模型方法。 4. 有能力进行文献检索，会使用数据库和其他来源的信息。 5. 设计并进行恰当的实验、解释数据并得出结论的能力
工程设计	15	1. 为满足特定要求，应用所掌握的知识来设计恰当的方案。 2. 理解设计方法学，并知道如何将其用于实践当中
工程实践	15	1. 选择恰当的工具、设备和方法，并将理论与实践相结合以解决工程学问题。 2. 理解技术和方法的应用以及他们的局限。 3. 理解工程实践中非技术含义。 4. 有能力掌握车间和实验室的各项技能。 5. 理解工程实践中的健康、安全、法律以及责任问题。理解工程解决方案对社会和环境的影响。并对专业道德、责任以及规范恪守承诺。 6. 了解项目管理和商业惯例，如危机管理等

工程学测试时长 90 分钟，包括两个复杂的绩效任务和大约 20 道多项选择题。上述任务将重点放在超越内容的技能上，包括概念的应用以及恰当运用统计学和非统计学工具得出结论和政策建议的能力。绩效任务给学生呈现特定环境下的一个真实的工程学方案，并介绍一系列相关的背景内容。这一模式旨在将学生置于真实情境中，允许学生发挥他们的创造性思

维。多项选择题重在考察工程科学，是考察学生对于工程学知识和技能掌握情况的一种快捷有效的方式。

三、高等教育学习成就测量的特点分析

高等教育学习成就测量评估是填补高等教育质量国际评估空白的一大创新性举措。高等教育学习成就测量的目的是开发一个标准，以评价学生在全球高校中所学知识的质量及与市场和社会的关联性。高等教育学习成就测量将提供有关有效的教学策略的有价值的数据，以提高学生的学习成果。

1. 评价对象

高等教育学习成就测量是针对即将获得学士学位的大学生进行的国际测试，目的是获取学生学习质量的真实数据，以进行国际性的比较，借鉴他国经验，改进本国的高等教育政策。高等教育学习成就测量把评估的主体锁定为即将毕业的学生，侧重教学活动和学习活动两个方面，而且测量着眼点放所有领域的学生都应该具备的“共通能力”和各个学科学生所具备的“具体学科能力”，以此来审查高等教育质量。这样，很好地抓住了高等教育质量的核心，抓住了毕业生质量的核心，能较好地体现教育质量高低。

2. 评价指标

高等教育学习成就测量在测试时，不仅有对通用技能的测试，还对工程、经济进行分专业的测试；每个测试之后，都有一个背景维度问卷，以便把测试结果与学生背景及所处的学习环境联系起来。高等教育学习成就测量十分关注学生学习成果，并检测所有起作用变量的学习效果，评价包括学生取得成就的水平以及教学系统的运转效率如何。通过分析背景数据和学习成果表现，可以分析导致大学取得高成就的原因，从而判断并帮助学校应该采取何种行动以使学生的学习成果最优化，减少辍学率和加强学习成果。

3. 评价功能

经合组织组织世界高等教育评估项目的初衷并不是制造新的世界大学

排行榜，而是聚焦于学生学习成果，希望通过这种评价来促进高校教学质量的提升，进而提高学生的学习成果。高等教育学习成就测量提供有关有效的教学策略数据，以提高学生的学习成果。这也是我们如何对待教学质量评价结果的答案。高等教育学习成就测量测评工具的开发者还致力于使毕业生们所到达的学习成果与社会需要、雇主要求以及国际社会的学术要求保持一致。高等教育学习成就测量项目组相信，明确的学习成果评价有助于提升学习质量。

第四节　国外高等教育质量标准比较与启示

本节主要对国际高等教育质量相关标准做总体分析，并对其发展趋势做一展望。

一、高等教育质量标准的类型分析

由于各国教育体制的不同以及对高等教育质量的认识不同，教育质量评价的具体的对象和目的也不同，所以各国的教育质量标准的类型、模式和框架维度也有较大的差异。例如，美国是高等教育分权制，其质量标准具有明显的多样性和自主性的特点，给予地方和高校更多评价标准的自由空间；而俄罗斯相对属于教育集权制，其质量标准具有明显的统一性和限制性，地方和高校要按照中央统一的质量标准进行办学。但是，无论是美国的院校认证标准抑或学生的学习成果测量标准，还是俄罗斯的专业标准，都试图从不同的层面和角度对高等教育质量进行相应的规范和评价。不同的教育质量标准都试图通过一系列的指标界定教育质量的核心以及影响教育质量的关键要素，并对其进行描述和规定。综观国外高等教育质量标准，从标准的逻辑起点或从评价教育质量的依据而言，其大体可以分为四种类型：一是基于条件的质量标准；二是基于绩效的质量标准；三是基于学术资历框架的质量标准；四是基于学生学业成就的质量标准。从理论上来讲，这四类标准的出发点和侧重点不同，每类标准的评价目的、评价内容和评价方法不同，属于单一标准；但是在实践中，一套完整的教育质量评价标准往往都是综合性标准，大多都包括了这四类标准，或者是以其中的某一类标准为主，其他类型的标准为辅。

1. 基于条件的质量标准

广义地讲，凡是与大学质量系统有关的输入，都可以看作质量系统的条件。一所大学想要提供有质量的人才产品，则必须具备一系列条件。大学质量系统的条件涉及面非常广泛，不但人、财、物等资源条件需要充分满足，而且其他如知识、技术、信息、环境等条件也同样不可或缺。因此，将这些办学的条件分门别类，并详细地将其列为清单，则能够构建出相应类型的质量系统。这种基于条件的大学质量系统，其功用在于预先设定质量的前提假设，即若要得到一定的质量，则事先必须具备相关的基础和条件。该前提条件是必要的，但未必是充分的。因为即使具备了这些条件，由于其他因素的存在和影响，人们也未必能得到所预期得到的成效。但是如果缺少这些条件，几乎可以肯定其得不到所预期的质量。❶

如前文所述，教育条件是获得教育质量的基本因素，所以在评价学校办学质量的相关标准中，几乎都有基于条件的标准条目。比较典型的有美国的院校认证标准、专业认证标准、高等教育质量保障局质量保障标准以及俄罗斯高等教育质量宏观层面标准等。美国不同地区的院校认证标准虽然不尽相同，但大体都包含办学目的、条件、措施和程序。其中对于办学条件的规定比较具体和凸显，比如中北部院校认证委员会在办学条件中就规定了：相关院校需要具有的师资条件和硬件设施，能支持该校教育机会和提升教育质量的需求；同时需要拥有足够的人力、财力和技术设施，能够支持教育教学的需求和发展等。❷ 英国高等教育质量新标准中在保障条件中则规定：高等教育机构要具有合理而有效的程序，确保能定期监控和

❶ 王亚杰．质量致胜——学位质量集成创新的思考与实践［M］．杭州：浙江大学出版社，2005：228.

❷ 李先军，苏明明．美国非营利高校第三方评估研究——以中北部院校协会高教认证委员会为例［J］．民族高等教育研究，2019（4）．

审查专业等。❶

基于条件的质量标准的重点是对教育教学条件的规定和保证，衡量的指标一般会包括院校的使命和目标、发展规划、经费、师资、图书藏量、入学分数、生均预算、后勤支持、物资资源等方面的情况。该类标准的主要作用是评价影响教育质量形成的核心要素——教育教学条件。先进的实验教学设备、充足的教育经费、具有卓越学术和教学能力的师资，都是教育质量的基础和保障。具备优越的教育条件不一定能够取得高质量的教育，但是不具备优越条件，甚至是基本条件的教育，必然是低质量的。基于条件的标准基本以物化标准为主，所以经常采用量化的方法进行测量，在具体的实践过程中，便于操作以及不同院校之间的比较。所以，该类标准是四类标准中最早出现、最常使用、最好操作的质量评价标准。

2. 基于绩效的质量标准

与基于条件质量标准不同，基于绩效的标准着眼点是结果，或者说是投入与产出的比值。高等教育的绩效是指高等教育系统中用来定量描述高等学校为达到预定目标所消耗的资源与最终所获得的成就之间的关系，其指导思想则是以 Y 理论为基础的“目标管理”。德鲁克认为，组织的使命和任务必须转化、分解为多层次的各级目标，不同部门和层级的工作人员，各司其职，努力完成工作目标。工作的结果是组织进行评价的观测点，工作目标是评价的依据。因此，对于高等领域来说，基于绩效的质量标准所依据的质量观是目标的达成，其基本理念在于以适合的高等教育目标为依据，围绕目标配备和利用资源以及检测目标的达成度等，包括：目标的合适程度、在目标实现过程中资源利用的有效程度、已达目标的水平程度等。教育过程所要达到的“质量”涉及高等教育质量构成和达成的全过程，因而明确高等教育目标，就是明确高等教育质量标准。❷

---

❶ QAA. Protocol for revisions to the UK quality code for higher education [EB/OL]. (2018-05-03) [2019-07-10]. http://www.qaa.ac.uk/Publications/InformationAndGuidance/Pages/Protocol-for-revisions-to-the-Quality-Code.aspx.

❷ BLAZEY M L, DAVISON K S, EVANS J P. Insights to performance excellence in education 2001: an inside look at the 2001 Baldrige Award Criteria for Education [M]. Milwaukee: ASQ Quality Press, 2001: 31.

基于绩效的质量标准典型代表是美国“卓越教育绩效标准”。该标准采用了 Y 理论作为指导，标准聚焦 6 个领域：领导、战略、学生、信息与分析、教师、过程以及结果。前 5 项占 550 分，结果占 450 分，几乎占了总分的一半。❶

该标准既注重质量达成的关键要素，比如领导的决策、战略实施与部署、教师的投入以及工作的过程，也注重所有目标的达成和过程的结果。由于不同的院校和教育机构的定位和质量目标不同，采用这样的质量评价标准可以避免硬性的指标对于不同类型院校的比较和评价的限制。也就是说基于绩效的标准可以与同类高校做横向比较，也可以与自身过去的成就做纵向比较，还可以所有的院校进行统一的比较和评价，因为采用的是同样的质量标准框架和计算方法，主要是看目标的达成和投入与产出之间的比值关系。

基于绩效的质量标准主要作用是评价高校教育投入与教育产出的比，更准确一点说，是衡量影响教育质量的投入与产出比。与基于条件的质量标准不同，基于绩效的质量标准是相对值，而基于条件的质量标准是绝对值。如果基于条件评价教育质量，无疑是高投入的综合性大学教育质量高，但是基于绩效的标准来衡量就不一定了，美国波多里奇绩效卓越国家质量获奖的不是综合性大学，反而是专业学院，甚至是社区学院。该标准可以衡量高等教育的资源利用率、教育的价值增值，但是由于教育和教育质量本身的复杂性，采用绩效的标准在教育界一直存在较大争议，操作起来难度也较大，所有应用相对较少。

3. 基于学术资历框架的质量标准

基于学术资历框架的质量标准是对学生完成相应的学历学位的资格而设立的学术标准。学术资历框架主要规定了不同层次学历学位各自的期望学习产出，描述了学生的一般能力和学科特定能力。一般该质量标准由两部分组成：其一是关于学习成果的描述，学生只有取得规定的学习成果，才能获得相应的资格。高等教育机构可以参照这些资格指标，来设计和检

---

❶ 国兆亮．美国“卓越绩效教育标准”对我国高校质量管理的启示［J］．国家教育行政学院学报，2013（1）．

查所提供课程的学术水平以及授予学习者相应的资格；其二是对学生获得某一资格后应具备的能力和个人品质的描述。这些描述有助于社会了解获得某一资格的毕业生具备何种能力及其程度，也便于高等教育机构与雇主、学生以及其他利益相关者进行沟通，学术资历框架实际规定了高等教育学历和学位的国家质量水平。

学术资历框架标准比较典型的代表是英国高等教育资历框架和欧洲高等教育区的学术资历框架标准，两者既有共性也有差异。由于各自的主体和角色不同，标准的细节及等级的总数不同。英国高等教育资历框架实际上是欧洲高等教育区资历框架的细分，作为一个国家的学术资格框架，包括较为丰富的内容以及精确化的指标体系。但两者的学位资格描述有很多共同的特征，包括对高等教育学术资格的描述都是通过共同的学习形成的；采用的是能代表各等级主要特征的描述；提供了清晰参考点以及各阶段完成时应该达到的效果，而不是基本标准或是最低标准。同时，两者资格描述都是相互对应的，例如对于博士学位的标准描述如表 4. 8 所示。❶

表 4. 8　英国与欧洲高等教育区资历框架标准示例

英国高等教育博士学位标准	欧洲高等教育区博士学位标准
为理论缺乏、因素复杂的问题研究相关实用性知识；对新的信息和理论进行批判性的解释和评价，并据此研发新知识、新理论； 理解学习和工作领域的广泛背景； 通过研发新知识新理论来拓展学习和工作领域； 应用不同理论和方法完成相关任务，并了解它们影响学习和工作方式； 思考并处理解决复杂问题； 设计和运用相关方法和程序； 完成学习和工作相关领域知识和实践活动的设计； 负责制定和规划知识研发、活动设计、专业开发、组织变革的方案； 承担提升相关专业实践的责任等	对所学领域有系统的了解及掌握与其研究领域相关的方法； 基于学者的完善性构思、设计、采用和进行一个可持续的研究过程； 开发了有重大价值的工作，扩展了知识前沿； 有能力对新的和复杂的思想进行批判性的分析、评估和综合； 能与同行或更大的学术圈以至与普通社会交流其专长； 有能力在学术和专业范围内，推动技术、社会或文化的进步

❶ QAA. Higher education credit framework for England: guidance on academic credit arrangements in higher education in England [EB/OL]. (2018 - 05 - 03) [2019 - 07 - 10]. http://www.qaa.ac.uk/Publications/Information And Guidance/Documents/creditframework.pdf.

学术资历框架标准适合于拥有资历框架的国家或地区，比如澳大利亚、新西兰以及中国香港等。据悉，全球已经有 150 多个国家或地区建立了不同层面的资历框架，在“一带一路”71 个国家中，62 个国家有资历框架，占总数的 87%。[1] 虽然不同的国家或地区资历框架的等级和描述点并不完全相同，但是它们的逻辑起点和规则基本是一致的，那就是根据不同层级的学历学位所应该具有的能力标准进行规定和描述，各项标准达到要求获得该学历的学生基本具有相似的质量，并且相似的架构和描述便于不同国家或地区进行质量比对和互认。当然不是所有国家或地区之间的资历框架都可以直接互认和衔接，特别是发达国家或地区和发展中国家的学术标准会存在一定差距。但是基于学术资历的标准搭建了不同地区和国家学生流动、资格评价以及学分互认的桥梁。

该类质量标准的实质是预设的教育质量标准，是高校教育质量的目标标准，特别是学术质量的目标标准。该类标准主要评价的是学生应该达到的教育目标，通过设定不同学历层级在知识、能力和情感态度等方面的标准，规定与衡量一所高校的教育质量，也是对学生群体的教育质量的规范和评价标准。

4. 基于学生学业成就的质量标准

基于学生学业成就的质量标准与以上三种不同，它并不是把质量的对象设定为院校的条件、专业的设置以及绩效表现等，而是直接将其锁定为学生，从而将其作为高等教育的核心质量。基于学生学业成就的质量是国际上比较认可的核心教育质量，但是对于高等教育来说，由于不同国家、地区、高校、专业、课程都具有较大的差异，如何才能准确地测量出大学生的学业成就，特别是具有可比性的学业成就，则是一个复杂的课题。

目前来看，国际所认可的相对比较主流的学业成就测量手段大致有三种类型：第一种旨在测试被称为一般能力或是所谓的胜任能力、基本能力等的测验。典型的代表是美国大学学习评价，它采取了基于一定的文章或

---

[1] 张伟远．国家资历框架的理论基础和模式建构［J］．中国职业技术教育，2019（18）．

数据回答提问的形式，以测量学生的阅读能力、理解能力、记述能力、批判性思考能力等。特别是，美国大学学习评价所关注的是学生在整个大学期间学习成绩的提高，即所谓的大学教育的附加值。第二种是关于各专业领域达成度的测量，其典型代表是经合组织的高等教育学习成就测量，目前已经开发了经济学、工学领域的测量标准。比如，经济学学科知识和理解、学科知识和应用、有效运用相关数据和定量分析方法、有效交流、习得独立学习技能 5 个方面规定应该达到的质量标准。通过时长 90 分钟、包括一个复杂的绩效任务和大约 45 道多项选择题的测试来进行评价是否达到相应的质量标准。第三种是不直接测量学习成果，而是通过对学生学习行为的大规模调查间接反映学习的学业质量，属于“学习过程监测”，从广义上看，其仍是测量大学的教育效果，典型代表是美国的 NSSE。它从学术挑战水平、主动合作的学习、师生交互水平、教育经验的丰富度、校园环境支持度 5 个方面构建了学生学习投入的监测标准，每一部分设计了具体的实践指标。通过对学生的问卷进行统计分析得出不同维度的分值，进而作为评价教育质量的依据。

随着高等教育质量观的演变和发展，重视学生的学习，学生在校的学习经验以及学习效果成为一种发展趋势。随之而形成的，则是对学生学习经验、学习效果或者学习产出等方面的研究和运用日益增多。通过对测量工具的不断开发和完善，对于学生学业成就的评价也越来成熟，很多高校包括我国清华大学、厦门大学等都引入和开发了相关的大学生学习评价工具，并与国外著名大学的学生学业成就进行了对比研究，取得了开创性成果。

该类标准与以上三类标准最大的不同是，它不是评价影响教育质量的基础条件，不是判断投入与产出的效益差，也不是衡量预设的学术资历要求，而是直接评价学生的学业成就以此来判断高校的教育质量。不同国家或地区的不同高校甚至可以采用同一的标准进行测量，进而得出教育质量的优劣和差异。该类评价标准也是目前国际上比较认可，具有良好发展前景的评价标准。

二、国外高等教育质量标准的发展趋势

1. 标准的制定主体：从单一到多元

从世界范围看，高等教育标准的研发机构主要有三种形式：一是由国家教育部门下属的相关职能和研究部门研制；二是由专业学会制定和实施；三是由独立的专门机构来开展。第一种形式的典型代表是俄罗斯高等教育国家标准的研发机构。它是由俄罗斯联邦教育部领导，其直属下设机构教育研究院负责制定与实施。第二种典型代表是各种专业标准的研发机构。美国的专业认证标准等，主要由相应的专业学会组织实施。第三种典型代表是英国的高等教育质量保障局。高等教育质量保障局是英国负责高等教育质量保障的专门机构，制定各类高等教育标准是其本职工作。

众所周知，教育质量标准的建立是一个非常复杂和困难的过程，既要有对整个高等教育发展宏观背景、现状、需求和使命的把握，又要具有标准研发的专门知识和技能。因此，教育质量标准的制定绝不可能是少数非专业人士的临时决定，而必须是由专业人员采用专业技术和流程进行研制。同时，教育质量标准要整合社会各界对于高等教育质量的诉求，广泛听取不同利益相关者的意见和建议。从俄罗斯标准制定来看，第一、二代标准主要由政府和专家来制定，未能吸纳用人单位的意见。标准颁布实施之后遭到广泛的批评和指责。毕业生无论是在学业还是职业准备方面都无法达到社会的要求，导致有将 25% 的学生不能就业。在第三代标准研制中，俄罗斯吸取了教训，政府放手对过程的控制，给地方和高校更多自主权，同时广泛吸纳雇主和企业协会组织参与标准的研制。所以，第三代标准更加符合实际，执行也更加顺利，效果更加显著。[1] 所以，良好的质量标准的研发必须是多元利益主体参与，高校教师、学生、家长、用人单位等都要充分表达意见和诉求，并切实参与到标准的研发中，才可能制定出符合需求的有公信力的标准。

---

[1] 国兆亮．建立高等教育质量国家标准的思考——来自俄罗斯的经验和启示［J］．现代教育管理，2016（4）．

2. 标准的取向：从合格到增值

由于大学由来已久的学术性，判断质量的标准一直是以学术的自治性为主；判断高等教育的质量以及学生的培养质量主要以是否符合学校的规定，是否符合教授的要求，是否符合社会的需求，并以其符合的程度判断质量的合格与否。然而，伴随着高等教育的市场化，特别是征收学费之后，学生开始关心自己的学习是否能够获得足够的回报，学生、家长开始计算高等教育投入的收益，并以获得更多的经济、地位等的回报作为衡量高等教育质量的标准。学生、家长对高等教育价值增值的诉求，也开始强烈地影响社会和政府对高等教育质量的重新认识，这在美国表现得尤为突出。美国前总统奥巴马在纽约州立大学布法罗分校演讲时说："我们将不再仅以哪所大学录取率最低、哪所学校最贵或哪所学校拥有最好的老师来排名。我们想做的是根据哪所大学能带来最大价值来排名，这样学生和纳税人就能得到更多回报。""我们应根据学生及其父母获得的机会和结果评估大学，这些大学是否能帮助各种出身的学生取得成功等。"《华盛顿月刊》甚至还开始公布"最佳回报"大学排名。[1] 总之，评价一所大学的质量如何，以后的发展趋势将不再只是考虑其是否达到合格，更重要的是看大学是否能给学生带来最大可能的回报，也就是学生入读本大学获得的价值增值有多少。

3. 标准的内容：从投入到产出

伴随着高等教育质量要求的不断变化和提升，其质量标准的核心内容开始从对条件的保障偏向关注学生的学习产出。以条件作为质量的标准有其重要的意义。当高等教育发展不太完善，或者新建院校初期阶段，相应条件的保障是必不可少的，以条件作为评价高等教育质量的标准也是合理的。对办学条件的重视是源于规范高等教育发展的要求，特别是在很多高等教育不太发达的国家和地区，对于教育条件投入的规定就成为保障高等教育质量的基础和必要。没有一定的条件，不可能取得优质的教育质量。

---

[1] Remarks by the President at College of Nanoscale Science and Engineering State University of New York [EB/OL]. (2013-08-24) [2018-09-08]. http://www.chinadaily.com.cn/micro-reading/dzh/2013-08-24/content_9948478.html.

美国院校认定标准中资源是其核心维度之一。院校的资源包括人力资源、财政资源、物力资源及信息资源等。合理有效的利用资源，是美国认证标准中特别强调的内容。只有在教育投入的数量和质量具备一定的标准，才能为办学目的的实现创建良好的基础。伴随着一个国家对教育的投入越来越多，教育基本条件的实现已经不再是困难所在，而教育的产出，特别是学生的学业收获将越来越受到重视。随着测量技术的发展，对学生学业成就的测量已经取得了很大的进步，如今美国的 NSSE 以及经合组织的高等教育学习成就测量等都是对学生学业成就以及学习体验的测评，即使是以条件为主的美国院校评估标准，也加大了对学生学习评估的比重和条款，比如，增加了对学生学习成果达到一定水平要求的规定；用文件说明并持续推进的评估过程，评估并改进学生学习等。另外，测量技术的发展使针对学习产出的测量也逐渐成为可能，因而从技术方面促进了质量标准的转型。在今后，以学生的学习产出作为衡量高等教育质量的核心标准越来越成为主流模式，并且随着测量技术的发展，无论是学习过程的体验和投入，还是最终知识、能力、素质的水平，都有可能会得到更加准确的测量和评价。

4. 标准的方法：从量化到质化

标准的制定方法主要是基于标准的目的和对象而定的，随着高等教育质量标准目的、取向和内容的变化，标准的性质也开始从量化标准走向质化标准。量化标准的特点是可测性强，容易操作，且比较客观。基于条件的标准和基于绩效的标准基本是以量化标准为主的，例如美国的院校认证标准和专业认证标准的生师比、教师中高学历比例、生均教室和实验室面积、生均图书量、教学经费、实践教学学分和学时数等，都有相应的量化标准。俄罗斯的国家标准前期采取了诸多具体的量化指标，甚至规定了各种学习形式的最高学习时间（2010 年后以学分取代了时间）、师生互动时间和放假时间等。采用量化的指标无疑是必要的也是必需的，世界各个国家的各类质量标准都采用了量化指标的形式，包括我国《普通高等学校本科教学工作审核评估方案》，教育部《关于“十三五”时期高等学校设置工作的意见》中都对办学条件做了具体明确的量化指标。因为，只有达到了相应的量化标准，才表明其质量合格的可能。随着高等教育的发展，在达到一定的量化标准之后，高校的人才培养水平、学生能力水平的提高更加凸显。另外，高校的办学宗旨、办学定位、教学管理、教学过程、教学组织等方面也很难进行统一的量化要求，质化的标准越来越凸显其重要地位。当然，量化或质化方法都有其自身的长处和缺陷，以及特定的适用范围和界限。高等教育质量标准的总体趋势是逐步以质化的标准为主，结合相应的量化标准，彼此取长补短，有机结合。例如，美国院校评估就明确提出了评估要全面使用系统的、持续的、多重的定性或定量方法。

5. 标准的功能：从鉴定到促进发展

高等教育质量标准的功能开始从鉴定、评价到促进高等教育质量转变。以前的标准主要是侧重对高等院校的办学条件和保障过程的规范，所以标准主要用以认定、鉴定和评价高等教育质量，这是教育质量标准的基本功能或者说是刚性的规范和评价标准。美国的院校认证标准、专业认证标准，英国高等教育新准则中的质量保障标准和信息公开标准以及我国普通高等学校本科教学工作水平评估和审核评估标准，都是从规范和鉴定的目的出发，保证其能够达到国家的基本要求。高等教育质量标准的这一基本功能是必要的，不会消失。但是，随着高等教育的发展，质量标准越来越趋向于指导和促进高等教育的发展，标准的具体指标和描述也由众多量化的硬性指标变成越来越多的指导性的柔性指标，这在欧美发达国家的质量标准中比较突出。比如，美国的卓越绩效教育质量标准、英国和欧洲高等教育区的学术资历框架标准都是提供了评价高等教育质量的框架和维度，对于具体的指标更多是基于学校的定位和使命自我评价和对比的柔性标准。这样给予院校更多的创新发展空间以提高本单位的教育质量。院校不仅仅把质量标准当作鉴定评价自己的工具，更是指导自己提高质量的对照标尺和前进方向。UNESCO 制定的教育质量监测标准也越来越重视教育给学习者带来了什么，特别是对于学习者的发展以及影响发展的关键要素以及如何测量学习结果和发展等。这些例子都说明，未来的高等教育质量标准更加注重对于学习者、高校、教育机构的发展和成效给予指导性标准。

三、对我国高等教育质量标准的启示

我国一直在尝试建设具有中国特色的高等教育质量国家标准，政府从不同的角度和层级对高等教育的培养目标、办学条件、专业设置、本科教学以及专业教学等方面制定了比较详细的规定和要求，特别是2018年，教育部组织制定和发布了《普通高等学校本科专业类教学质量国家标准》，涵盖普通高校本科专业目录中全部92个本科专业类、587个专业，涉及全国高校5.6万多个专业点，这是我国发布的第一个高等教育教学质量国家标准。[1] 这在我国高等教育界产生了巨大的影响，并为我国高等教育质量国家标准体系的建设进行了卓有成效的探索和实践。但是整体来说，我国高等教育的质量标准内容相对分散，缺乏明确的教育责任体系和框架体系设计以及具体实施的操作规范要求。通过对国际上众多高等教育质量标准的考察，特别是对其类型、制定主体、框架模式以及未来发展趋势等方面的分析，可以对我国高等教育质量标准的建设起到一定的参考和借鉴作用。

1. 厘清高等教育质量标准的意义与价值

建立高等教育质量国家标准，无论是从落实我国《教育规划纲要》的要求，还是从完善教育标准体系以及与世界高等教育接轨的层面，都是当前教育改革的重要工作。质量标准制定之前，首要任务是正确认识其意义和作用。[2] 首先，高等教育质量国家标准要反映国家的教育目标和教育理念。质量标准的核心是对学生知识、技能、素养和价值观的要求，质量标准是培养社会主义接班人和建设者素养的集中体现。其次，高等教育质量标准要达到正确引导高等教育教学实践的目的。质量标准的核心是“培养什么样的人”以及“如何培养人”的根本教育问题。标准是教育管理者、教师和学生在教学过程中，能够明确目标、规范行为、积极开展教育教学

[1] 教育部．首个高等教育教学质量国家标准发布［EB/OL］．（2018－01－31）［2019－08－01］．http：//www.moe.gov.cn/jyb_xwfb/xw_fbh/moe_2069/xwfbh_2018n/xwfb_20180130/mtbd/201801/t20180131_326068.html.

[2] 辛涛，姜宇．在国际视域下定义教育质量标准［J］．人民教育，2012（12）.

活动的指路灯。最后，高等教育质量标准能够正确引导我国高等教育的可持续性发展。当前我国高等教育取得了举世瞩目的成就，教育规模和质量都上了一个崭新的台阶，教育质量标准需要根据具体的高等教育发展阶段和问题不断迭代更新，新的质量标准将会成为引导我国高等教育健康持续发展的必要抓手，特别是应当作为建设具有中国特色社会主义一流大学的重要推手而获得更为广泛的重视。

2. 确定高等教育质量标准建设的主体和机构

如前文所述，高等教育质量国家标准的建设是一项长期复杂的专业工程，需要专门的机构和组织进行研发和建设。根据我国目前高等教育管理体制和现实情况来看，我国教育行政部门担负着制定教育质量国家标准的重要职责，应统筹规划教育质量国家标准的研制工作。教育科研机构、高校、用人单位、学生、家长等共同参与标准的研发，建立多元利益主体参与模式。❶ 在具体的组织架构上，应该成立高等教育质量国家标准研制的领导小组或委员会、专家工作小组和秘书处，共同协调组织标准研制工作的设计和实施。领导委员会主要由教育部相关领导，专业协会人员，学科专家，高校领导和教师组成，主要负责宏观决策、标准定位与框架类型、标准审议等；专家工作小组主要由教育类、评估类和学科类专家组成，主要负责具体标标准的研发、设计和修订；秘书处主要负责标准建设日常运行以及各类联络和保障功能。

3. 明确高等教育质量标准的定位与类型

世界不同国家和地区对于高等教育质量标准的定位和类型具有较大的差异，因为教育质量标准与国家和地区的教育使命、教育发展阶段以及教育目的具有较大的相关性。建立国家高等教育质量标准必须明确标准的定位，对于我国而言，教育质量标准一方面需要继续发挥规范、评价高等教育办学行为的作用；另一方面要起到指导、引领新时代、新阶段高等教育发展的作用，高等教育质量国家标准是国家政府以及社会对高等教育人才

❶ 杨润勇．关于构建教育质量国家标准的政策分析与建议［J］．教育理论与实践，2011（10）．

培养的质量期望。

不同的标准类型和框架结构所针对的教育质量问题和目的是有差异的，选择恰当的标准类型和框架的前提，是必须要明确我国高等教育质量国家标准的目的和需要解决的突出问题，以及我国现有评价标准的特点和症结所在。我国以往的评价标准模式基本是从规范的目的出发，大多基于对条件的评价和控制，其指标也多以定量为主；然而随着我国高等教育的不断发展，在办学条件得到较好的规范和保障的情况下，必然会对教育结果更为关注。可以预见的是，在今后一段时间内，我国高等教育质量标准的必然是结果和过程兼顾，标准类型也将会以绩效和学生学业成就为基础的标准类型为主

4. 设计高等教育质量标准的框架体系

根据我国当前高等教育的实际情况以及借鉴英国高等教育质量标准体系，我们尝试提出我国高等教育质量标准的框架，主要包括三部分即学术标准、保障标准和评价标准，详见表 4.9。

表 4.9 高等教育质量标准框架

<table>
<tr><th>结构层次</th><th colspan="2">学术标准</th><th>保障标准</th><th>评价标准</th></tr>
<tr><td rowspan="3">博士，硕士，
本科，专科</td><td>知识</td><td>通识知识
专业知识</td><td rowspan="3">课程体系
教学过程
教学方法
师资水平
经费投入
政策制度
监测体系
学生支持系统
信息公开</td><td rowspan="3">社会声誉
就业质量
满意度
（学生、家长、
用人单位）</td></tr>
<tr><td>能力</td><td>认知能力
职业能力
创新能力
可持续发展能力</td></tr>
<tr><td>素质</td><td>政治素质
思想道德素质
职业道德素质
人文科学素质
身体素质
心理素质</td></tr>
</table>

第一，学术质量标准。学术质量标准是对学生取得学位或某种毕业资格所应达到的水平的规定是国家对高等教育人才培养质量的最低要求。我

国高等教育分为四个层次：专科层次、本科层次、硕士层次和博士层次。每个层次从知识、能力和素质三个维度分别制定相应的学术资格标准。

第二，质量保障标准。保障标准是对如何确保学生能够达到学业标准的培养过程和条件的规定，主要包括课程体系、教学过程、教学方法、师资水平、经费投入、政策制度、监测体系、学生支持系统、信息公开等方面。学业质量标准与质量保证标准的区别是，前者是对所形成的质量的规定，而后者是对形成质量的过程和条件的规定。质量保障标准是对影响质量的核心要素提出最低要求，如果能达到这些最低要求，则达到学业质量标准就能得到保障。❶

第三，评价标准。评价标准是指对人才培养的全过程和所培养人才的质量与效益做出的客观和科学的评判依据。评价可以对人才培养目标、培养制度以及培养过程进行监控、反馈与调节，在人才培养的过程中发挥着重要的作用。高等教育的产品最终要接受公众和用人单位的检验，所以，学生的满意度，就业质量等也是衡量高等教育质量的标准，甚至是最直接的标准。

5. 界定高等教育质量标准应用范围和条件

高等教育质量标准是国家从宏观层面对整个高等教育体系整体的把握，标准要集中解决高等教育质量的核心问题和关键环节，并非事无巨细地对所有环节做规定。

首先，从应用范围来说，标准将覆盖所有高等教育类型，既包括全日制高等教育也包括非全日制高等教育，既包括普通高等教育也包括远程高等教育。它是所有高等教育都要达到的质量基准线，也就是合格标准。各个高校和高等教育机构的教育质量可以高于国家质量标准，但是绝对不能低于国家标准。

其次，质量标准是地方和高校制定自己的管理标准和质量标准的参照和依据。质量标准以学生的学习产出为主要的衡量标准，同时对整个人才培养的全过程做出一定规范和指导，这在很大程度上为高等教育质量的提

---

❶ 李志义．重构我国高等教育质量标准体系［J］．中国大学教学，2013（1）．

高提供了直接的方向和目标。各类高等教育和院校在国家质量标准的指导下，结合自身的特点和定位，可以制定相应的地方标准和院校标准，从而实现提高教育质量的目的。所以，从某种程度上看，标准不再仅仅是鉴定或者评价某所学校的标杆，而是促进教育质量提高的指南针。

最后，教育质量标准的实施要得到广大教师和学生的充分理解和认可。我们知道，制定教育质量标准的终极目的是保障和提高教育质量，而教育质量的提高关键是靠教师和学生。所以，教育质量标准，要通过充分的宣传、研讨、反馈、修订，由原本的强制工具内化为教师的工作准则，才具有实际的效果和意义。

总而言之，在正确认识高等教育质量标准的意义、明确高等教育质量标准的定位、充分考虑利益相关者的意见、选择科学的模式类型的基础上，通过充分借鉴目前国际上较为成熟的高等教育质量标准，将对我国的相关标准的构建和实施提供相应的借鉴和参考，同时对于推动我国高等教育结构化改革，并最终为促使高等教育质量提升和人才产出结构优化，形成一系列深远且有益的影响。

第五章　我国高等教育质量标准构建的现实基础

任何教育质量标准的形成都是建立在本国教育现实情况以及未来发展使命的基础上的。构建我国高等教育质量标准必然要准确把握当前高等教育发展的现实情况，认真分析并预测社会经济发展对高等教育质量的要求，积极聆听并吸纳学生个体对自身发展的诉求，严格遵守国家现有教育法律法规以及政策取向等。这是建立高等教育质量标准必须要面对的现实基础。

第一节　我国高等教育发展的现状与问题

一、我国高等教育现实情况

2002 年，我国高等教育毛入学率达到 15%，进入了国际公认的大众化发展阶段；2019 年高等教育毛入学率达到 51.6%，进入高等教育普及化阶段。在高等教育规模扩大的同时，高等院校的结构调整、高等教育的质量提高以及大学生就业等成为我国从高等教育大国向高等教育强国迈进的核心问题。

1. 高等教育的规模扩大

2019 年，全国各类高等教育在学总规模 4002 万人，高等教育毛入学率为 51.6%；全国共有普通高等学校 2688 所（含独立学院 257 所），其中，本科院校 1265 所，高职（专科）院校 1423 所。全国共有成人高等学校268所，比上年减少9所。研究生培养机构共828个，其中，普通高等学校593个，科研机构235个。普通高等学校校均规模11260人，其中，本科院校15179人，高职（专科）院校7776人。❶ 我国用10余年时间走过了其他国家30年、50年甚至更长时间的道路。到目前为止，我国高等教育总规模已经是名副其实的世界第一。我国目前已经整体进入了高等教育普及化阶段。我国高等教育的大发展，对满足人民群众接受高等教育的愿望，对人口素质的改善，对我国经济发展和社会进步以及综合国力和国际竞争力提升，无疑都起到了极其重要作用。

2. 高等教育的结构多样化

我国高等教育结构，无论是层次结构、科类结构，还是布局结构，在大众化过程中都发生了深刻变化。层次结构多样化、复杂化，出现了准学位，如双专科（相当于本科）、双学士（相当于研究生）等高等教育学位交叉形式；层次结构中除学历教育制度外还有非学历教育，学位教育制度中出现学位后教育制度，如博士后。具体见图5.1。❷

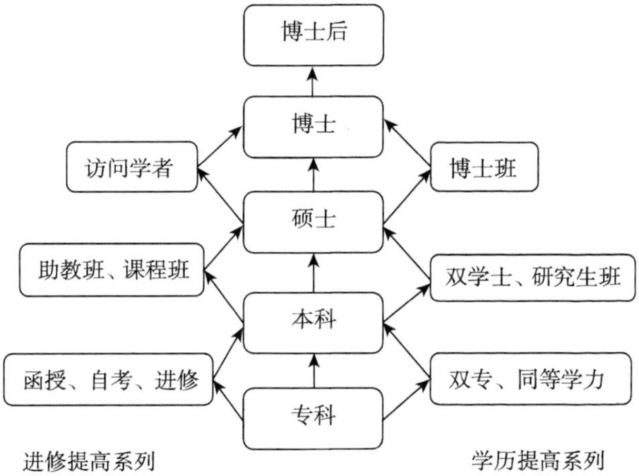

图5.1　我国高等教育层次结构图

❶ 教育部.2019年全国教育事业发展统计公报［EB/OL］.（2020－05－20）［2020－06－30］. http：//www.moe.gov.cn/jyb_sjzl/sjzl_fztjgb/202005/t20200520_456751.Html.

❷ 王根顺，李红英.我国高等教育层次结构的现状、问题及对策［J］.黑龙江高教研究，2006（1）.

从层次结构看，普通高校本科层次在校生规模比专科多，2019 年本科在校生 1750.8204 万人，高职（专科）在校生 1280.7058 万人；在学研究生 286.37 万人，其中，在学博士生 42.42 万人，在学硕士生 243.95 万人。从科类结构来看，基础学科的规模及比例呈下降趋势，而一些实用性以及与经济社会关系密切的应用性学科的规模及所占比例呈上升趋势，人文社会学科的比重进一步提高。从布局结构来看，高等学校设置向西部和地级城市倾斜与延伸，打破了高等学校主要集中于东部和大中城市的格局，地区之间差距正在逐步缩小。[1]

3. 高等教育质量提到突出地位

高等教育从注重数量到关注质量的转变，是客观世界发展的必然结果。2007 年，党的十七大报告中强调指出"优先发展教育，建设人力资源强国"，并以"提高高等教育质量"作为教育发展战略重点。这一点体现在《国家中长期教育改革和发展规划纲要（2010—2020 年）》中，即数量继续稳步增长，结构有所调整，侧重于质量的提高与保障。因此，可以说中国的第三个 30 年，至少是 2020 年之前，高等教育发展的各项工作围绕质量提高与保障而展开。

2007 年 1 月 22 日，教育部、财政部联合印发文件，决定实施"质量工程"。同时，教育部印发了《关于进一步深化本科教学改革全面提高教学质量的若干意见》（以下简称《若干意见》）。"十一五"期间，我国高等教育进入了巩固成果、深化改革、提高质量、持续发展的关键时期。各高等学校坚持以科学发展观统领教学工作，按照"质量工程"和《若干意见》的要求，坚持"教育以育人为本，以学生为主体"切实提高教育质量。另外，"重点学科建设""211 工程建设""985 工程建设""精品课程建设""全国示范性高职""双一流建设"等都是国家提高教育质量的重大举措。

---

[1] 袁卫．中国高等教育大众化的现状、问题与展望［EB/OL］．（2007－12－20）［2020－02－30］．http：//base. china－europa－forum. net/rsc/en/documents/document－996. html.

二、我国高等教育存在的突出问题

我国高等教育在取得上述成就的同时，也出现了一些需要解决的问题，主要表现在以下几方面。

1. 有的高校定位不清，存在同质化现象

分类不清、定位不明，发展趋同化，仍然是我国高等教育发展中存在的问题。各个学校都提出要做研究型、创新型大学。各个学校的定位应该是不同的，发展的目标也应是不同的，高校只有为自己准确地定位，充分发挥出自身的优势，才能适应国家发展对不同层次和方面的人才的需求。

2. 高校发展不平衡

目前我国普通高校中有 58.1% 分布在 31 个大城市和省会城市，其余 41.9% 分布在省会以外的城市、地区和县城。不同的高校，发展水平、速度、条件，都不一样，有的发展缓慢。[1] 这类高校既面临着中国高等教育发展的共同问题，更有许多由于条件环境而导致的特殊问题。它们长期处于缓慢发展状态，加之办学条件不足且科研实力不强，竞争力微弱。在财力有限的情况下，相关的“倾斜”政策无可厚非，但这客观上加剧了高校之间的不公平竞争。[2]

3. 教学质量亟需提高

我国高校扩招在一定程度上使原本就捉襟见肘的高等教育资源总量日益紧缺。生均占地面积、学习空间、建筑面积、固定资产、设备可使用率下降。重科研、轻教学的现象在高校中非常严重，造成许多教师一心只搞科研，教学投入明显不足，教学质量严重下降。[3] 更为严重的是，不少高校在教学过程中仍是以传统的灌输式教学为主，普遍忽视启发式教学和研究性教学，实践教学薄弱。教学是高校工作的主题和核心，但现实状况

---

❶ 白春燕．对我国高等教育发展现状的分析与思考［J］．黑龙江教育学院学报，2009（5）．

❷ 姜正国，盛正发．论高等教育系统的可持续发展［J］．湖南科技大学学报（社会科学版），2010（6）．

❸ 张向前，等．当前我国高等教育存在的主要问题及对策研究［J］．内蒙古师范大学学报（教育科学版），2006（9）．

下，无论是从教学内容还是教学水平上都远不尽如人意。不少高校在课程内容的难易程度上、层次递进上尚存在较多不足，避重就轻、避难就易的现象时有发生，本科生、硕士生、博士生课程内容雷同现象较为严重。

4. 大学生就业压力大

近年来，大学生就业问题是我国高等教育大众化进程中的一个问题，已直接影响到高等学校改革与发展，影响到家庭与社会的稳定。大学生就业压力越来越大，出现本科生抢大专生岗位，大专生抢高职生岗位，高职生抢农民工岗位的现象。另外，有的大学生就业岗位和所学专业契合性差，不能很好地学以致用。有的在校生漠视基本的课程学习，忙于应付和参加各种社会考试，获取各种证书。在就业中还存在一个问题，就是有的大学生的知识能力素质和工作岗位要求不匹配，或者说有的大学生的质量不能达到用人单位的满意。一方面就业单位找不到需要的人才，而另一方面有的毕业生却找不到工作岗位。

第二节　社会经济发展对高等教育质量的诉求

高等教育应该满足社会的需求，促进经济的发展。所以，国家的经济发展现状、产业结构布局以及对各种人才类型、规格的要求是制定高等教育质量标准的重要依据。

一、我国社会经济发展情况

改革开放以来，我国经济社会发展取得了巨大成就，随着世情、国情的深刻变化，我国经济社会发展呈现出新的阶段性特征。综合判断国际国内形势，我国发展正处于重要战略机遇期。

从国际来看，世界多极化、经济全球化快速发展，科技创新孕育新的突破，为中国发展带来了历史性的机遇；同时，国际金融危机影响深远，世界经济增长速度减缓，国际竞争日趋激烈，气候变化以及能源资源安全、粮食安全等全球性问题更加突出，中国发展的外部环境更趋复杂，面临前所未有的挑战。

从国内看，我国工业化、信息化、城镇化、市场化、国际化深入发展；与此同时，经济社会发展中不平衡、不协调、不可持续问题依然突出，收入分配差距较大，科技创新能力不强，产业结构不合理，城乡区域发展不协调，不同利益群体之间的利益博弈和利益冲突加剧，社会矛盾增多且更加复杂，制约科学发展的体制机制障碍依然较多。❶

面对我国发展的阶段性新特征，当前和今后一段时期内，加快经济发展方式转变将贯穿于我国经济社会发展的全过程和各领域。

二、我国产业结构调整情况

产业结构是指生产要素在各产业部门间的比例构成和它们之间相互依存、相互制约的联系，即一个国家或地区的劳动力、资金、各种自然资源与物质资料在国民经济各部门之间的配置状况及其相互制约的方式。这里包括三个产业之间的比例关系，工业、农业、建筑业、交通运输业、商业、服务业等及其内部各部门之间的比例关系，还包括各类企业的组织结构。产业结构在整个经济结构中，居于主导地位，它的变动对经济增长有着决定性的影响。

当前我国正处于产业结构加速调整的时期，产业调整和产业结构优化升级已经上升到国家战略的高度。在产业布局总体规划中，不仅要加速第三产业发展，增加第三产业的产值比重，还应该对资源在各行业的配置进行系统科学的规划，使具有战略意义和发展潜力大的行业能够获得更多的政策支持。❷

三、产业结构变动对人才需求结构的影响

随着我国经济产业结构的变动，人才需求的结构发生了显著的变化，

❶ 张毅，等．构建适应经济社会发展要求的高等教育人才培养体系［J］．经济研究导刊，2011（4）．

❷ 马云泽，吴昊坤．产业结构调整、高等教育改革与大学生就业［J］．河南师范大学学报（哲学社会科学版），2011（2）．

主要表现在人才的类型、规格、层级、知识结构和能力结构方面。[1]

1. 产业结构的柔性化改变了人才需求的知识结构

产业结构的柔性化，指的是围绕知识的生产、分配和使用在社会生产和再生产过程中，体力劳动和物质资源的投入相对减少，脑力劳动和科学技术的投入相对增长。产业结构的柔性化对人才需求的知识结构提出了新的要求。多变的市场需求要求有灵活新颖的产品设计，产品的多样性要求人才要具有应变性，技术密集型技术群是多种技术的组合和运用，因此人才的知识结构要具有广延性、复合性和创造性。由于竞争的需要，人才需求的品质也发生着变化，过去只要按着单一的技术路线独立完成任务就能满足企业的要求，但在市场化复杂多变的条件下，企业需要有团队意识、开拓奋进、能力全面、充满活力和富有创新精神的人才。

2. 产业结构的高度化改变了人才需求的能级结构

所谓产业结构的高度化，是指经济发展过程中技术不断突破原有的界限，从而形成新的经济增长点。能级结构是指高级、中级、初级人才的比例结构，而人才的能级结构与产业结构的高度有着密切的联系。一般而言，在产业结构低度化的时期或在技术结构较为单一的状况下，人才的能级结构处于较低的水平。技术结构的变化使人才需求结构发生改变。一方面，技术创新成为企业在市场竞争中取胜的利器，产品周期的缩短使技术研发人才成为企业抢手的人才；另一方面，面对激烈的市场竞争，企业要加强内部管理，通过降低生产成本来取得价格上的优势，同时还要通过市场找到需求的客户，这就需要既懂市场又善管理的经营型人才。

3. 产业结构的专业化改变了人才需求的类型和规格

随着产业结构的升级、社会分工专业化程度的提高，人才需求的类型和规格多样化，新的专业技术性岗位不断产生。据统计，目前我国每年新增专业岗位 40 ~ 50 种，多种技术岗位的产生使人才需求的类型和规格发生了变化，人才需求的类型和规格随着社会专业分工的发展呈现多样化的趋势。这就需要高等教育的人才培养具有适应性和个性，从而满足不同层

[1] 李彬．产业结构的调整与人才需求及其培养模式［J］．高等工程教育研究，2006（5）．

次、不同规格的用人需求。总体上来说，目前以及未来一段时期内，我国经济的发展主要需要以下几种类型人才：理论型、创新型、应用型、管理型、工程型、技术型、复合型等。[1]

4. 技术设备水平的提高改变了人才需求的层次

先进技术装备的特点是技术系统的尖端化、集成化和信息化，再加上技术的更新速度加快、产品周期的日益缩短、市场竞争的加剧，现代企业制度的建立使企业人员分层更明显。产品的组织设计开发人员位于企业技术人才的上层，而制定产品的技术路线和技术应用监督的人员位于企业技术人才的中层，掌握操作技术的人员位于企业技术人才的低层。技术结构的复杂程度决定着人才的需求层次。现代制造业的发展和新技术的应用使传统的技术结构发生变化，人才需求的层次也发生相应改变，从市场的反映看，技能型、复合型、外向型和创新型的人才处于短缺的状态，这主要与高等教育人才培养的层次无法满足社会需求有关。

四、我国经济发展对高等教育的要求

我国各地区在生产力发展水平、产业结构、地理环境、发展战略等方面存有差异，地区经济发展具不平衡性。生产力水平的差异，使各地区教育发展的规模与空间各不相同，人才培养的规格与要求也各有所异。地区产业结构、地理环境资源优势的差别，会直接影响各地区的高等学校学科门类、专业结构。发展战略及实施方式也会对各地区高校的专业、课程设置产生不可避免的影响。教育均衡发展是经济社会各区域共同发展的客观要求，相应地必然要求各地高校建立适应于地区经济、社会发展的差异性、多样化的人才培养模式，对人才培养质量的评定标准也将呈现多样性。

---

[1] 邸鸿勋. 人才需求分析与职业教育发展战略探讨［J］. 职业技术教育，2002（7）.

第三节　学生个体对高等教育质量的诉求

20 世纪 90 年代以来，我国推进计划经济向市场经济转轨的改革，在高等教育体制方面，高等学校与政府的关系由“政府—大学”的“单向线性关系”向高校、政府与市场的“多向三角关系”转变。在市场经济体制下，个人本位的高等教育价值观必然要得到重视，高等教育的质量在满足社会、国家需要的同时，还必须要满足学生个人的发展诉求，并且要遵循学生身心发展规律和学习特点。

一、当代大学生身心特点

大学生的年龄普遍在 20 岁左右，正是世界观、人生观、价值观形成的关键时期，对社会、对人生、对自己的看法与评价都处于变化中。他们的人生态度和心理机制不稳定，有易变、求新的趋向。大学生求新的心理特点决定了他们有较强的求知欲，并且愿意也容易接受新事物。[1]

1. 价值观多元化

伴随着我国改革开放的发展，国际社会中的各种因素对我国大学生成长的影响也越来越大，作为时代的“晴雨表”，大学生敏感地关注着社会的每一步变化。他们的一举一动、一言一行都被深深打上时代的烙印。大学生受多元文化的冲击，既受到我国传统思想文化的熏陶，也受到外来文化的影响。对西方国家的文化精神以及价值观的吸收，有可能导致大学生对主导价值取向的偏离，使他们张扬个性，注重个人目标与价值的实现，流露出实用主义和功利主义的价值观影子。

2. 信息行为显著化

当代大学生出生在信息技术飞速发展的时代，他们习惯通过访问互联网来获取专业信息资讯，偏好通过搜索引擎来答疑解惑，热衷使用网络交

---

[1] 樊金玲．马克思主义关于人的全面发展理论与大学生的成长［D］．石家庄：河北科技大学，2011.

流工具来联络感情，“一日可无饭却断不可无网”是他们的真实写照。网络的广泛使用使大学生的个性更加独立，独立思考、独立选择的能力较为突出，而从网络上接受的海量信息也使他们的思想更为早熟和多元化。在这个过程中，网络改变了传统教育资源的垄断性；另一方面，信息大爆炸也让部分大学生应接不暇甚至最终迷失自我。

3. 思想行为自主化

当代大学生多为独生子女，物质资源丰富，长辈疼爱有加，这使他们在思想上有较强的自我意识与自信心。他们在思想行为方面具有自主性强且独立意识强的特点，对于自己感兴趣的事情，往往会投入全部的精力，表现出极大的参与热情，对于不感兴趣的事情，也会表现出十足的漠视和冷淡。在日常生活中，他们社会适应能力较强，但沟通协调能力、抗挫折能力较弱，这让他们在面临一般问题、个人问题时表现出果断决策力，在面临重大问题时却表现出优柔寡断、无法及时决策的缺点。

4. 成就动机强烈化

成就动机指的是个体追求自认为重要的有价值的工作并使它达到完美状态的一种动机，也就是用高标准严格要求自己以取得活动成功为目标的动机，可分内在与外在两种。受家庭、学校以及社会对其教育重视的影响，当代大学生内在和外在的成就动机都明显较强，大都具有较强的求知欲望以及行动力，能够主动学习新知识，探索新事物，而且对自己以后的职业生涯都有较强的目标性和规划性。

5. 自我意识强，社会责任意识差

当代大学生生活在一个比较宽松的彰显个性的社会氛围中，他们受条条框框的束缚较少，自我意识较强，普遍存在缺乏崇高的理想和信念的问题。他们的人生目标不明确，看重的往往不是人的社会价值而是其个人价值。部分学生社会责任意识不强，对政治和社会生活中发生的事情不能给予热情充分的关注。

二、大学生的学习特点

与普通中小学相比，大学生的学习过程虽然也是由学生、学习内容和学习方式等基本要素构成的，但是，这些基本要素在教学过程中的相互关系与活动结构是不同的。相同的要素在不同的结构中发生联系与活动，势必形成其联系与活动的特殊性，形成各要素间特殊的矛盾关系。作为处在走向社会、进入工作状态之前的最后一个学校教育阶段的大学生的学习过程具有专业性、自主性、广泛性、探索性和实践性等基本特点。❶

1. 专业性

在大学学习的过程中，随着年级的上升，这种专业化程度逐步的提高。这一特点是由大学培养高级专门人才这种基本的教育目标所决定的。大学阶段是学生成长由“求学型”向“成才型”“创造型”过渡的关键期，是步入社会前系统、集中、全面学习的最后阶段。高等教育是专业教育，学习具有较高层次的职业定性。在我国现行教育管理体制下，大学生在入学前或入学之初就确定了专业方向，大学学习的内容和范围都是围绕着这一大方向来安排的。专业性不仅体现在大学的学科体系、课程结构、教学内容、教学实践和学习方式方法上，而且体现在培养大学生的知识结构、智力结构、能力结构和心理品质结构上。因此，专业性是大学生学习的显著特点之一。❷

2. 自主性

大学生的学习具有相当大的自主性。自主性就是大学生独立自主地学习，自觉地确定学习目标，决定个人发展方向，制订学习计划，采取有效措施加以实施。教师课堂讲授往往是提纲挈领式的，教师在课堂上只讲难点、疑点、重点或者是教师最有心得的一部分，要求做到少而精，其余部分就要由学生通过自学去理解、掌握，这势必要求大学生通过课外自学掌握更多的内容。自主性的学习方式将贯穿于大学学习的全过程，并反映在大学生活的各个方面，如学习的自主安排、学习内容和学习方法的自主选择等。❸ 自主性学习能够锻炼独立获取知识的能力，训练独立思考问题能

❶ 李媛．基于大学生学习状况的高校教学改革研究［D］．开封：河南大学，2012.

❷ 畅肇沁．大学生学习特点探究［J］．山西师大学报（社会科学版），2010（5）.

❸ 王岩松，王宏哲．当代大学生学习特点浅析［J］．长春理工大学学报（高教版），2008（3）.

力，进行独立发展尝试，为将来迎接挑战、独立胜任工作打下基础。这既符合大学生身心发展规律，又符合大学学习规律，还符合大学生成才规律。

3. 广泛性

大学学习的课程众多、内容多元、范围广泛。从课程设置上讲，大学所开设课程分公共课、基础课、专业基础课、专业课四个层次，每一个层次又由许多门课程综合而成。一般地，大学四年需要学习的课程在40门以上，每一个学期学习的课程都不相同，内容量大。为了全面提高学生素质，学校还开设了人文类选修课程，学生只有按规定选修人文课程、取得相应学分后，才能毕业。大学的课程有必修课、选修课之分。必修课包含有公共课，如大学英语、数学、思想品德修养、邓小平理论、毛泽东思想概论、法律基础等，不论是哪一个专业的学生，都必须学习；必修课还包含专业基础课和专业课，是根据不同专业的人才培养计划而确定的。选修课包括专业选修课、公共选修课，前者是针对本专业学生，而后者则是面向全校学生。[1]

4. 探索性

与其他较低层次的学习相比，大学的学习除了学习和接受前人总结出来的已有知识和经验，还包括探索人类已发现但未解决的问题以及未知的领域。正是由于大学生的学习具有较强的批判性，敢于质疑真理，所以需要大学生利用自身的知识背景去探索新的知识。大学生学习的探索性，甚至是创造性是有条件的：第一，要有扎实雄厚的基础知识和专业知识，任何发明创造都是站在巨人肩膀上的，要脚踏实地，不可好高骛远；第二，要充分了解最新的科研成果和前沿的学术动态，要细心钻研，不可浅尝辄止；第三，在大学里，应该更多提倡和培养大学生的探索精神和创造精神，探索出新的东西，创造出新的成果，实现人类更高的追求和向往。

5. 实践性

大学教育是大学生走向社会、走向职业岗位的最后阶段。为了培养具

---

[1] 万志勇，迟宏伟．关于大学生学习特点的几点思考［J］．现代教育科学，2006（S2）．

有较强职业能力的专业人才，尽可能缩小教学与社会实践的差距，顺利完成职前教育向职业实践的过渡，缩短其职业适应期，必须使大学的学习具有实践性。培养大学生的实践能力和创新精神是大学教育的目标和任务，也是社会发展对大学教育提出的客观要求。实践活动是大学生学习活动的重要组成部分，大学生除了掌握书本知识，完成课堂教学任务外，更要参加社会实践活动，突出实践性，在社会实践中检验知识、丰富知识、应用知识、深化知识、发展知识。大学生的社会实践活动包括实验、专业实习、社会调查、企业参观、社会咨询服务、短期务工等形式。大学生社会实践活动要坚持合理安排、重在指导、积极参与、总结提高的原则。

三、大学生学习情况

目前我国对大学生学习过程情况开始大规模的实证研究，并取得了一定的成绩，主要有厦门大学史秋衡教授承担的国家大学生学情调查，清华大学引进美国 NSSE 对中国大学生进行的调查以及北京大学教育学院开展的首都高校学生发展状况调查。这些研究从学生的角度，通过调查问卷等方式，了解我国大学生当前的实际学习情况。[1]

厦门大学课题组调查了我国大学生的学习观、课堂体验、学习方式和学习收获，并对比了不同类型高校的差异。调查结果显示我国大学生的学习观、课堂体验、学习方式和学习收获总体反映偏正面但仍有待提高。

在学习观方面，调查表明学生更多的是持应用知识的学习观，但也有一部分学生持记忆知识的学习观。在课堂体验方面，调查表明大学生对大学课堂教学环境的总体感知和体验偏向正面，但教学中师生缺乏交流的现象也不少见。在学习方式上，大学生更倾向于使用深层的学习方式，具有内在的学习动机，能够主动思考和合理安排时间。但是也有部分学生尚未找到适合自己的学习方法，缺乏反思能力，具有较强的考试导向。

这些结果表明，我国大学生的学习观、课堂体验、学习方式和学习收

---

[1] 史秋衡，郭建鹏．我国大学生学情状态与影响机制的实证分析［J］．教育研究，2012（2）．

获偏正面。需要注意的是，学生在各量表的平均得分并不高，还有相当部分的大学生持记忆知识的学习观，认为师生在教学中缺乏足够的交流，采取表层的学习方式，这些方面还有进一步改善的空间。

四、大学生对高等教育质量的诉求

在社会本位为主的高等教育价值观指导下，高等教育质量的评价标准是统一的，或者说是单一的，即主要以是否符合专门人才的规格要求作为评价高等教育质量的尺度。为维持统一的质量标准，人们往往注重统一的教学计划，统一的教学大纲，统编教材。在彰显个人本位为主的高等教育价值观时，学生作为高等教育利益群体之一，有着发展自己、实现个体价值的需求，希望高等教育为满足他们的不同需求而提供更好的教育服务。由于每个学生的需要各不相同，其教育质量的取向也不同。[1]

1. 就业性取向

所谓就业性取向，是指高等教育的质量以受教育者个体就业目标实现程度为标准的价值取向。学生对社会职业能力养成的需求打破了长期以来大学教育仅仅培养社会精英的传统。当前，能够找到一个称心的工作，依旧是学生读大学的主流动机。持此价值取向者，除了实现促进个体全面发展这个接受高等教育的终极目标外，最实际的目的就是就业。他们看重的是高等教育与社会需求之间的吻合程度，希望获得本专业职业所需的系统知识，受到模拟社会实际的能力训练，为未来日趋激烈的职业竞争奠定谋求自身发展的理论、能力和素质基础。[2]

2. 学术性取向

所谓学术性取向，是指高等教育的质量以受教育者个体学术理想实现程度为标准的价值取向。以学术为价值的取向是知识本位价值观在高等教育质量观上的体现。它认为高等教育是通过学术知识的传承来进行的，无论这种学术知识通过何种形态进行陈述和组织，离开了学术知识，教育就

---

❶ 郭荣祥，陈炜．学生维度高等教育质量的价值取向与实现［J］．理论月刊，2011（10）．

❷ 丁雪辰．关于高等教育质量标准的价值取向分析［J］．黑龙江高教研究，2006（7）．

成了无源之水、无本之木。这类学生，注重对知识的学习、科学的探究、真理的追求。他们往往学习认真刻苦，成绩优秀，富有探索和求知精神。他们一般都会选择考研继续深造，通过攻读硕士、博士来继续探索更加高深、广阔的知识领域，以期将来能成为高级知识分子、学术精英。

3. 发展性取向

所谓发展性取向，是指高等教育的质量以受教育者个体发展提高程度为标准的价值取向。它重视的是教育促进受教育者个体发展的程度，关注的是受教育者对教育服务的满意程度。在学生的视野中，高等教育只要能够满足其个体的个性发展和主体自我实现的需要，养成其个性生长和主体提升所必须具备的各种能力与潜质，其质量就被看作高的。秉持这种价值取向的学生，看重的是作为自主的人在高等学校的培养下完成个体发展、自我实现所需要的各种储备。[1] 因此，高等学校的人才培养工作，要以学生的发展为宗旨，高等教育质量的高低应该根据学生的受益情况和学生是否获得了最大限度的发展来判断。

4. 创业性取向

所谓创业性取向，是指高等教育的质量以受教育者创业目标实现程度为标准的价值取向。随着市场经济的发展、产业结构的调整和就业观念的变化，越来越多的学生将为今后创业储备应有的能量作为自己接受高等教育的目的。在持此价值取向者看来，高等教育应该改革传统的教育教学方式，强化创业教育的功能，把创业结合、渗透到人才培养的整个过程。[2] 学生通过高等教育的专业学习和锻炼，掌握创业所需的知识、技术与方法，获取创业所需的素质、能力与品质，拓展自身的创业潜能，通过创建新企业、研发新产品、提供新服务，在社会经济发展的舞台上施展才华，以创业推动社会生产力的发展，达成自己的创业目标，实现自己创业理想。[3]

---

❶ 郭垒．当前我国高等教育质量观综述［J］．国家教育行政学院学报，2008（8）．

❷ 李秀娟．“两平台、三层次”创业型人才培养模式研究［J］．黑龙江高教研究，2007（11）．

❸ 丁雪辰．关于高等教育质量标准的价值取向分析［J］．黑龙江高教研究，2006（7）．

第四节 我国高等教育法律法规以及政策取向

高等教育质量标准的建立，必须在我国相关法律法规和现有教育规划政策的指导下进行。如果在制订标准之初就考虑到相关法律法规，那么在实施过程中可能会顺利得多。❶

一、与高等教育质量相关的法律法规

我国虽然没有明确的高等教育质量国家标准，但是政府对高等教育的培养目标、办学条件、专业设置、本科教学水平等方面都有比较详细和严格的规定与要求，这些规定和条例在某种程度上就是高等教育质量的标准。所以，我们在研发高等教育质量国家标准的时候，必须认真学习这些法律法规，并以此为基础。

1. 教育目标方面

高等教育目标是高等教育活动的预期成果和规定要求，指的是高等教育对各类专门人才的培养目标，以及高等学校在完成教育任务时应具备的条件和应实施的社会职能。高等教育目标集中体现了高等教育价值取向或价值观念，是高等教育实践活动的出发点和最终归宿。

我国《高等教育法》规定，“高等教育必须贯彻国家的教育方针，为社会主义现代化建设服务，与生产劳动相结合，使受教育者成为德、智、体等方面全面发展的社会主义事业的建设者和接班人；高等教育的任务是培养具有创新精神和实践能力的高级专门人才，发展科学技术文化，促进社会主义现代化建设”。同时，《高等教育法》分别规定了专科教育、本科教育、硕士研究生的培养目标、学业标准具体要求。

《中华人民共和国学位条例》是直接保证高等学校教育质量的根本法规，是国家保证高等教育质量的根本准则。其规定了本科、硕士和博士的总体培养目标和标准，例如，“学士学位：较好地掌握本门学科的基础理

---

❶ 高宝立. 高等教育质量标准与评价［J］. 大学（学术版），2010（5）.

论、专门知识和基本技能；具有从事科学研究工作或担负专门技术工作的初步能力”。

另外，《中共中央关于教育体制改革的决定》《中共中央国务院关于深化教育改革全面推进素质教育的决定》《普通高等学校学生管理规定》《中共中央关于构建社会主义和谐社会若干重大问题的决定》等文件都不同程度地提出高等教育培养的目标和人才培养规格的整体要求。

2. 教育质量保障条件方面

（1）学校标准。

《高等教育法》以法律的形式对高校设置提出了统一的规定：大学或者独立设置的学院应当具有较强的教学、科学研究力量，较高的教学、科学研究水平和相应规模，能够实施本科及本科以上教育。大学还必须设置三个以上国家规定的学科门类为主要学科。设立高等学校的具体标准由国务院制定。

教育部于2004年出台了《普通高等学校基本办学条件指标（试行）》，确定了高等学校的基本办学条件指标与监测办学条件指标，其中基本办学条件指标包括生师比、具有研究生学位教师占专任教师的比例、生均教学行政用房等；办学条件指标包括具有高级职务教师占专任教师的比例、生均占地面积、生均宿舍面积等。

（2）教师标准。

1986年3月3日中央职称改革领导小组转发了《高等学校教师职务试行条例》及其实施意见，全国高校普遍实行了教师职务聘任制度。1989年，高等学校进一步健全教师考核制度，把工作实绩作为聘任与晋升教师职务的主要依据，修订教师考核工作的细则，使考核进一步科学化、制度化。先后出台的规章有《关于高等学校教师职责及考核的暂行规定》《高等学校教师工作量制度》等。21世纪以来，为了完善教师资格的管理，教育部在《教师资格条例》和《教师法》的基础上，颁行了《〈教师资格条例〉实施办法》（2000），《教师资格证书管理规定》（2001），《教学成果奖励条例》等重要文件，对高校教师的资格和教学规范做了要求。

（3）教育经费方面。

20 世纪 90 年代，国家逐步建立健全多渠道筹措教育经费、保证教育经费稳步增长的机制，并把这种机制用法律的形式确定下来。《中华人民共和国高等教育法》《中国教育改革和发展纲要》都对高等教育的经费投入机制、增长比例等做了规定。❶

对高等教育投入的相关政策规定为高等教育的正常运行提供了必要的物质条件和基础。《高等教育法》第六十条明确规定："国家建立以财政拨款为主、其他多种渠道筹措高等教育经费为辅的体制"，"国家鼓励企业事业组织、社会团体及其他社会组织和个人向高等教育投入"。在其他一些教育政策中多次提到"保证教育投入，提高投资效益"，坚持"中央和地方政府教育拨款的增长要高于财政经常性收入的增长，使按在校学生人数平均的教育费用逐步增长"的原则。对高等教育经费的投入和保障是确保合格质量的物质基础。

（4）课程与教学方面。

为了改革课程与教学，中央政府和教育行政部门发布了《关于实施高等学校课程改革的决定》《关于改变制订教学计划、教学大纲的办法的通知》《高等学校教材编写暂行办法》《关于加强普通高等学校教学工作的意见》《高等教育面向 21 世纪教学内容和课程体系改革计划》《关于进一步加强高等学校本科教学工作的意见》《关于进一步深化本科教学改革全面提高教学质量的若干意见》等政策文件，课程、教学和教材都做了较为明确的规定，以指导高校教学工作。

3. 教育评估方面

1985 年《中共中央关于教育体制改革的决定》明确提出，政府要对高等学校办学水平和教学质量进行评估。同年，教育部开发了针对理工科院校的评估方案，并在若干所工科院校开展了教学评估试点，在此基础上，1994 年教育部对改革开放后设立的本科院校教学工作进行了合格评估，1996 年对进入"211 工程"建设的高校本科教学开展了优秀评估，1999 年

❶ 方晓东，等．新中国在教育质量标准方面的初步探索［J］．中国教育政策评论，2010.

对办学历史较长的本科院校教学工作进行了随机性水平评估。2002 年，原三种评估自行废止，统一为普通高等学校本科教学工作水平评估。这项工作从 2003 年开始，在 2007 年结束。

教育部 2007 年颁布的《关于进一步深化本科教学改革全面提高教学质量的若干意见》，提出进一步完善高等学校的内部质量监控和评价体系，建立国家、用人单位、教师、学生共同参与的学校外部和内部相结合的质量保障与评价机制。

2011 年，教育部正式发布的《关于普通高等学校本科教学评估工作的意见》（以下简称《评估意见》）对新一轮高校教学评估做出了全面规定。《评估意见》指出，建立健全以学校自我评估为基础，以院校评估、专业认证及评估、国际评估和教学基本状态数据常态监测为主要内容，政府、学校、专门机构和社会多元评价相结合，与中国特色现代高等教育体系相适应的教学评估制度。

关于评估内容和基本形式，《评估意见》提出了五个方面。①建立高校本科教学基本状态数据库。②高校要建立本科教学自我评估制度，根据学校确定的人才培养目标，围绕教学条件、教学过程、教学效果进行评估，包括院系评估、学科专业评估、课程评估等。③实行分类的院校评估，包括合格评估与审核评估。合格评估的重点是考察学校基本办学条件、基本教学管理和基本教学质量，学校服务地方经济和社会发展的能力和应用型人才培养的能力，学校教学改革、内部质量保障体系建设和运行情况。审核评估重点考察学校办学条件、本科教学质量和办学定位、人才培养目标的符合程度，学校内部质量保障体系建设及运行状况，学校深化本科教学改革的措施及成效。④开展专业认证及评估。⑤探索国际评估，鼓励有条件的高校聘请相应学科专业领域的国际高水平专家学者开展本校学科专业的国际评估。[1]

---

[1] 刘振天．我国新一轮高校本科教学评估总体设计与制度创新［J］．高等教育研究，2012（3）．

二、我国当前高等教育质量的政策取向

1. 人才培养质量重中之重

从国家层面来看，我国政府对高等教育质量的关注度日益加强。从2005年开始，“提高高等教育质量”就已经成为我国高等教育发展的政策目标。政府出台多项政策为提高高等教育质量保驾护航，并明确提出人才培养是学校的根本任务，质量是学校的生命线，教学是学校的中心工作。

2005年，《关于进一步加强高等学校本科教学工作的若干意见》提出“自觉遵守教育教学规律，以更多的精力、更大的财力进一步加强教学工作，全面提高人才培养质量”。教育部明确要求，高等学校教学工作要着眼于国家现代化建设和人的全面发展需要，加大教学投入，强化教学管理，深化教学改革，坚持传授知识、培养能力、提高素质协调发展，更加注重能力培养，着力提高大学生的学习能力、实践能力和创新能力，全面推进素质教育。

2007年1月，教育部、财政部联合下发了“一号文件”，决定实施“质量工程”，面向全国1000余所本科院校、1000万名全日制本科学生，以提高高等学校本科教学质量为目标，以推进改革和实现优质资源共享为手段，按照“分类指导、鼓励特色、重在改革”的原则，加强内涵建设，提升我国高等教育的质量和整体实力。❶

2. 关注人本价值

在一个注重人的主体精神的时代里，受教育者越来越重视自身受教育权利的实现和对优质高等教育需求的满足，而高等教育质量本身就是对人才培养的标准规格的概括。党和国家为了适应21世纪对人才的要求，在实施素质教育的背景下，随后出台了一系列有关高等教育的政策，对人才培养的质量标准方面进一步体现了对“以人为本”价值取向的重视和兼顾。❷

2001年《公民道德建设实施纲要》中就加强德育问题明确提出“以

❶ 魏军. 改革开放30年我国高等教育质量政策的内容分析［D］. 兰州：西北师范大学，2009.

❷ 于海臣. 我国本科教学质量评价政策的价值取向分析［J］. 现代教育科学，2011（4）.

人为本”“努力提高公民道德素质，促进人的全面发展”的目标。规定了学生在德智体美等方面的发展要求和标准，对人才培养的质量开始从社会本位为主向以社会本位和个人本位并举的方向发展。❶

2005年颁布的《关于进一步加强高等学校本科教学工作的若干意见》提出，高等学校本科教学工作的主要任务和要求是：“着眼于国家发展和人的全面发展需要，加大教学投入，强化教学管理，深化教学改革，坚持传授知识、培养能力、提高素质协调发展，更加注重能力培养，着力提高大学生的学习能力、实践能力和创新能力，全面推进素质教育。”❷

2007年教育部颁布的《关于进一步深化本科教学改革全面提高教学质量的若干意见》进一步提出：“树立科学的质量观，促进学生德智体美全面发展”，“全面贯彻党的教育方针，坚持育人为本，德育为先，深入实施素质教育，培养一大批拔尖创新人才”。

2010年7月中央和国务院召开了全国教育工作会议，动员全党全社会全面实施《国家中长期教育改革和发展规划纲要（2010—2020年）》。会议重申了教育是民族振兴，社会进步的基石，是提高国民素质，促进人的全面发展的根本途径；并提出要“坚持以人为本，促进教育公平”为价值取向。《纲要》把“育人为本”，促进人的全面发展作为教育的价值理念，是对教育价值的理性回归，是对教育本质和教育规律的科学认识。在接下来的10年里，政府始终把人才培养作为高等教育的根本使命，在政策导向、激励机制、评价考核、资源配置和投入保障等方面力图为“育人为本”作更大努力。❸

3. 质量公布

2011年，在教育部倡导下，39所国家“985工程”高校发布了《本科教学质量报告》。2012年8月，教育部高教司发布了《关于继续试点部分高等学校编制发布〈本科教学质量报告〉的通知》（以下简称《教学质

---

❶ 夏伟东．解读《公民道德建设实施纲要》[J]．伦理学研究，2002（1）．

❷ 黄荣霞．我国高等教育质量保障政策60年演变（1949—2009年）——基于历史制度主义分析视角[J]．现代大学教育，2010（6）．

❸ 陈家长，郭辉．“育人为本”高等教育价值的理性回归[J]．社科纵横，2012（5）．

量通知》)，要求“211 工程”高校编制并发布 2011 年《本科教学质量报告》。《教学质量通知》指出：“编制并发布本科教学质量报告，是高等学校开展自我评估、建立健全高等教育质量保障体系、完善高等学校信息公开制度的一项重要工作。本科教学质量报告应围绕本科人才培养工作的关键要素，既要反映高等教育人才培养的共性，又能充分反映高等学校自身的特性，展现学校本科教学的新思想、新政策、新措施、新成果。”❶

2007 年 12 月，教育部和财政部联合发文批准“全国高校教学基本状态数据库系统项目”立项申请，开始了高等学校本科教学基本状态数据库的研制工作。目前，该数据库已在较大范围内进行了试采集运行，其结果已用于对新建院校进行的调研性的合格评估中，取得了积极效果。❷

《本科教学质量报告》的发布和“高等学校本科教学基本状态数据库”的建立，为我国高等教育质量信息统计和发布开了一个好头。2013 年以后所有的本科院校都要向社会公开发布自己的质量报告。相关质量信息公布，赋予了大众选择权、知情权，让家长、学生知道自己有何种不同的选择，从而将权力向高等教育服务对象转移。

❶ 教育部高教司．关于继续试点部分高等学校编制发布《本科教学质量报告》的通知［EB/OL］．(2014－03－13)［2019－08－01］．http：//wenku. baidu. com/view/32a6e1cbda38376baf1faec8. html.

❷ 李志义．重构我国高等教育质量标准体系［J］．大学教育科学，2013（1）．

第六章　我国高等教育质量标准构建的理论依据

教育标准的制定，目前在学术界并没有公认的统一的理论依据。一是因为，标准的目的不同，国家的政治体制以及高等教育管理体制不同，标准所依据的理论会各不相同；二是因为，标准的设定更多的是制定主体对教育现实的考量和个人主观经验的判断。纵然如此，为了让这种“主观判断”更加合理和更加具有公信力，比较常用的理论有高等教育利益相关者理论、人才结构类型理论、高等教育分类理论、全面质量管理理论和学生参与理论等。

第一节　高等教育利益相关者理论

一、利益相关者理论定义

“利益相关者”（Stakeholders）概念的提出始于20世纪60年代，它是对传统的“股东至上主义”治理模式的挑战。针对传统企业管理理论中的股东至上理论，斯坦福大学研究小组最早提出了利益相关者理论，他们认为，对企业来说存在这样一些利益群体，如果没有这些群体的支持，企业就无法生存。[1] 20世纪70年代，利益相关者理论逐步为西方学术界和企业界所接受，并对全球企业管理界开始产生深远的影响。

---

[1] 卢山冰．21世纪西方利益相关者理论研究［D］．厦门：厦门大学，2007.

20世纪80年代，美国经济学家开始对利益相关者理论进行深入研究，弗里曼所著的《战略管理：利益相关者方法》的出版，被公认为利益相关者理论正式形成的标志。弗里曼给出了一个广义的利益相关者定义："那些能够影响企业目标实现，或者能够被企业实现目标的过程影响的任何个人和群体。"[1] 该定义从战略管理的角度，提出了一个普遍的、广义的利益相关者概念，不仅将影响企业目标的个人和群体视为利益相关者，还将企业目标实现过程中受其影响的个人和群体也看作利益相关者，正式将社区、政府、环境保护组织等实体纳入利益相关者的研究范畴，大大拓展了利益相关者的内涵。

二、利益相关者理论在高等教育中的应用

随着利益相关者理论的发展和影响，公共管理领域包括高等教育领域，都开始引入该理论，并取得了丰硕的成果。

利益相关者理论运用于高等教育主要分为三个层次[2]：第一层次从理论层面上看，可以对高等教育中的利益相关者进行确认和分类，明确高等教育中的核心利益相关者。第二个层次从应用层面来说，高等院校可以将其概念用于战略形成过程。高等院校要提高其服务质量，必须从利益相关者管理入手。第三个层次作为分析框架，高等院校可以运用它来明确高校各利益相关者所拥有的权力及其与高校之间的利益关系。

研究者普遍认为，"高校利益相关者的概念是一个不言自明的问题，因此，很少去界定，而是直接探讨高校利益相关者的范围与类别，进而研究高校与其利益相关者之间的互动关系"[3]。因此，利益相关者理论在高等教育领域的研究主要是作为分析框架使用。

---

[1] FREEMAN E R. Strategic management: a stakeholder approach [M]. Boston: Pitman, 1984: 26-30.

[2] 洪彩真. 学生：高等教育之核心利益相关者 [J]. 黑龙江高教研究, 2006 (12).

[3] 张燚, 等. 高校利益相关者理论的研究现状及趋势 [J]. 高教发展与评估, 2009 (11).

三、高等教育利益相关者分类和确认

利益相关者是一个范围广泛、成分复杂、性质各异的群体，要想用利益相关者理论来分析问题、解决问题，以便更好地促进高等教育理论与实践的发展，就必须对利益相关者进行分类。目前对高等教育利益相关者的分类主要有三种方法。

第一种，一维分析法，即根据“与大学关系密切程度”的核心内涵分类。这种分析方法的代表人物是哈佛大学文理学院前院长罗索夫斯基。他按利益相关者与大学之间的重要性程度划分为最重要群体、重要群体、部分拥有者和次要群体四个层次。第一个层次，如教师、行政主管和学生，是大学最重要的群体。第二个层次，如董事、校友和捐赠者，是重要的利益相关者。第三个层次，“部分拥有者”的利益相关者，在特定条件下才成为大学的利益相关者。例如，提供科研经费的政府、向学生和大学提供贷款的银行家等。第四个层次是大学利益相关者中边缘的一部分，如市民、社区、媒体等，可以被纳入次要层次的利益相关者。这一分类方法主要依据经验，抓住“密切关系”核心维度，具有简洁明了的优点。[1]

第二种，多维分析法，即从合法性、权力性和紧迫性三个维度分类。这一分类法是美国学者米切尔和伍德提出来的。米切尔等人从合法性、权力性和紧迫性三个属性上对可能的利益相关者进行评分，然后根据分值的高低来确定某一个体或者群体是不是利益相关者，是哪一类型的利益相关者，详见图6.1。

所谓合法性，是指利益关系具有合法的来源；所谓权力性，是指利益关系具有足够的影响力；所谓紧迫性，是指利益关系具有紧迫感。我国胡子祥博士根据利益相关者的三个属性，把高校的利益相关者分为三类：①确定性利益相关者，同时具有合法性、权力性和紧迫性，如政府部门、教学人员、研究人员、学生等；②预期性利益相关者，同高等学校保持密切联系，拥有上述属性中的两项；③潜在利益相关者，只拥有合法性、权

---

[1] 孟凡．利益相关者视角下的大学学生评教制度研究［D］．武汉：华中科技大学，2010.

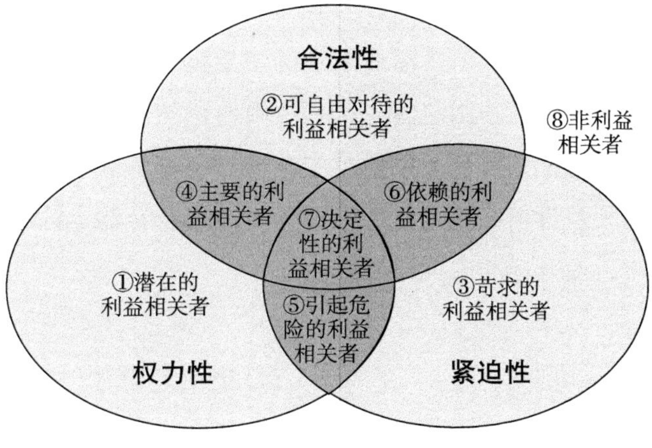

图 6.1　米切尔利益相关者划分

力性和紧迫性属性其中之一的群体，如中学生、家庭、社会、工商界、校友、媒体等。多维分析法对利益相关者的利益关系进行具体化，使我们对利益相关者的理解更加具有现实感。❶

第三种，定性与定量分析法，即运用统计工具分析利益相关者类型。

四、利益相关者理论在标准制定的应用

在高等教育质量标准的制定中，利益相关者理论主要应用于标准制定的主体、参与模式和不同利益主体的质量诉求。标准的制定主体，从理论上来说所有高等教育的核心利益相关者都有标准制定的权力。目前比较公认的高等教育的核心利益者主要有政府、高校管理者、教师、学生、家长、用人单位等。他们对高等教育质量的不同诉求都应该体现在标准的内涵中。

不同利益主体参与高等教育质量管理和评价的模式，同样适用于标准的制定模式。有研究者对高等教育利益相关者参与高等教育质量评估提出了 12 种模式——委员会模式、多元主体参与模式、分类参与模式、委托代

---

❶　胡子祥．高校利益相关者治理模式初探［J］．西南交通大学学报（社会科学版），2007（1）．

理人模式、合作伙伴关系模式等。[1] 就中国高等教育管理体制和国情来说，多元利益主体参与模式应该是标准制定的主导模式。多元利益相关者有效参与高等教育质量标准的制定模式，其中政府仍然应该处于高等教育质量国家标准的主导地位，其他相关利益主体通过各种形式和途径的参与，充分表达自己的利益诉求。多元主体共同参与模式会让制定的标准更加合理和具有公信力，提升标准的执行效果。

第二节　人才结构类型理论

高等教育是培养高级专业人才的社会活动，它的发展不仅要能够不断地适应社会需求，而且要有利于促进人的全面发展。教育必须适应社会的实际需要，与一定时期的社会人才结构相适应，并要根据不同类型的人才能力结构确定教育的质量标准。

一、人才结构理论分析

人才结构是随着生产的发展而演变的，在一定的社会条件下，各级各类的人才组成一定的人才结构，而一定的人才结构是与当时的生产水平相适应的。20 世纪以来，由于科学技术的飞速发展，出现了很多新的生产领域，形成了很多新的专业、新的职业，使社会人才结构达到空前的复杂程度。可以预见，随着生产的不断发展，社会上的人才结构还将不断变化，以便与生产的发展相适应。现代社会，分工越来越细，对人才的需求也呈现出多样化。人才只有类型的不同，而没有等级的差别。

从生产或工作活动的过程和目的来分析，有学者将社会人才类型总体上分为四大类，即学术型人才、工程型人才、技术型人才和技能型人才。[2] 其中，学术型人才主要从事研究和发现客观规律等工作，如社会科学、自

---

[1] AYCRS T. Stakeholders as partners in evaluation: a stakeholder – collaborative approach [J]. Evaluation and program planning, 1987 (10).

[2] 严雪怡. 试论人才分类的若干问题 [J]. 职教通讯, 2000 (8).

然科学领域的学者和科学家；工程型人才主要从事为社会谋取直接利益有关的规划、决策、设计等工作，如工程师、律师和医师等；技术型人才和技能型人才是在生产第一线或工作现场从事为社会谋取直接利益的工作，使工程型人才的规划、决策、设计等变换成物质形态。技能型人才与技术型人才的区别在于后者主要应用智力技能来进行工作，而前者主要以操作技能来完成任务，技术工人属于这类人才❶。

还有学者将专业技术人才分为研究型、工程型、技术型、技能型四类——一方面体现了产业结构的人才分工，另一方面与国际人才分类也比较接近。

我国《国家中长期教育改革和发展规划纲要（2010—2020年）》指出："培养造就数以亿计的高素质劳动者、数以千万计的专门人才和一大批拔尖创新人才。牢固确立人才培养在高校工作中的中心地位，着力培养信念执着、品德优良、知识丰富、本领过硬的高素质专门人才和拔尖创新人才适应国家和区域经济社会发展需要，重点扩大应用型、复合型、技能型人才培养规模。"

根据我国社会经济发展的需要，以及人才分类的基本理论，我国社会的发展首先需要一大批拔尖创新人才和复合型人才，他们的主要任务是探索、发现自然界和人类社会的规律，是"认识世界"。其次，需要数以亿计的应用型人才和技能型人才。他们的任务是在生产或社会服务的第一线，领导和组织把工程设计、规划方案付诸实施，是"改造世界"。值得注意的是，我们在进行人才分类时，应该意识到人才分布实际是一个非匀态的连续带，不管怎么分，分成多少类，人才的交界区总是模糊的，彼此是有交集的。❷

二、人才的知能结构

人才的知能结构，主要是指由人才的知识、能力和人格等组成的人才

❶ 吕鑫祥．高等职业技术教育研究［M］．上海：上海教育出版社，1998：88.

❷ 严雪怡．试论人才分类的若干问题［J］．职教通讯，2000（8）.

素质，就是人才所具备的素养和能力。关于人才的素质构成要素有以下几种说法：①三要素说：道德素质、知识素质、能力素质。②四要素说：政治素质、道德素质、科学文化素质、技能素质。③五要素说：品德素质、智能素质、身体素质、审美素质和劳动技能素质。④六要素说：政治素质、道德素质、科学文化素质、技能素质、身体素质、审美素质和创新能力。人才类型具有不同的社会功能，不同的社会功能要求不同的人才知能结构。几种比较典型的知能结构如下。

1. 创新型人才

（1）在知识结构上，创新型人才除了需要扎实地掌握本学科领域宽广深厚的理论知识，还必须涉猎其他学科的理论和方法，具有宽厚的知识基础和学科视野。同时，要善于学习，要掌握不同学科领域知识获取的方法，及时跟踪、了解相关学科领域的最新进展情况，更新自身的知识体系。

（2）在思维方式上，创新型人才不仅要有线性思维，更要善于非线性思维；不仅要有收敛性思维，更要善于发散性思维；不仅要有正向思维，更要善于逆向思维。创新型人才在思维上要具有灵活性，善于根据事物的发展形势调整自己的思维路线和行动方式，采取最有效的策略与方法。

（3）在人格特征上，创新型人才一是要有独立的个性和批判精神，敢于挑战传统，有敢为天下先的探索精神，具有独立思考的习惯，对老师、对同事较少有依赖性。二是具有浓厚的求知与探索兴趣，具有持久的进取心，怀有创新的欲望和激情。能够自觉地坚持创新性学习，善于提出问题和研究问题，对现有的学说和权威的解释，不是简单地接受和信奉，而是持研究的态度，由质疑进而求异。三是在困难面前具有坚韧不拔的毅力和勇气，拥有坚定的自信心，在失败面前表现出不屈不挠的精神，能够坚定地把创新活动进行到底。

2. 应用型人才

（1）在知识结构上，具有较扎实的基础理论，宽广的专业知识面和较强的人文知识和素养。这是创新和应用的前提与基础。扎实的专业理论可提供广泛迁移的知识平台，较强的可持续学习能力和职业转换的适应能力，是促进自身发展、适应环境变化的重要条件。

（2）在能力特征上，具有较强的实践能力和创新能力。工程实践能力和操作技能是应用型人才的重要特征，即应用所学专业技术知识与专业技能去解决具体问题的能力。不同的专业技术岗位，有不同的技术要求。创新和创造是知识经济时代各层次的人才都应具备的核心特征，应用型人才要善于求新、求变。创新包括原始创新、集成创新和引进消化吸收再创新。应用型人才的创新侧重于应用创新和模仿创新，能把理论知识和技术转化为生产力的“二次创新”，能提出新思路，开发新产品。

（3）在综合素质上，具有良好的团队合作精神。应用型人才大都在一线工作，常常面对工程规划、设计及生产运作，需要团队的参与和协作，因此，团队的信任、合作以及默契配合等协作精神是应用型人才的必备品质。

3. 技能型人才

（1）知识水平。高技能人才的基础理论以扎实、够用为度，专业知识讲求实用性和针对性，并注重实践操作方面的知识。高技能人才的知识结构需要多样化，不仅应具备基础理论知识和学科专业技术知识，还应具有宽广的学科专业知识体系。学科专业知识直接反映当前岗位的工作需求，在实际工作应用中遇到的问题多数为综合的，要涉及多个方面的因素，这就要求知识结构要合理，尽量多样化。

（2）职业能力。职业能力是在该职业岗位由长期学习和实践而形成的独特能力。一是知识应用和实践能力，较强的实践动手能力和操作技能；二是发现问题、解决问题的敏感性及可操作性特征，能敏感地在生产、管理、服务第一线发现问题，并能够熟练运用各种知识和技能解决问题；三是适应和学习能力，能够紧贴企业需要，适应岗位变化需求，学习新的知识和技能。相对于一般技能型人才，高技能人才不仅具有单岗位能力还应具有岗位群能力；不仅具有专项能力，还应具有综合职业能力；不仅具有操作型动手能力还应具有智能型处理能力；不仅具有就业竞争能力，还应具有创新、创业发展能力。

（3）职业素养。职业素养包括职业意识、职业态度、职业知识、职业行为和技能规则。不仅要有较高的专业素养，还要有一定的非专业素养，具有良好的职业道德、敬业精神和团队意识，严格执行岗位规范，具有认真严谨的工作作风。

三、人才结构类型理论在标准制定中的应用

通过前文的分析，我们知道高等教育质量的本质是人才培养质量，而人才培养质量的核心是学生的整体素质、学业质量。人才结构类型理论详细分析了人才的知能结构差异，归纳了不同的人才类型，这为高等教育质量标准的制定提供了很好的理论基础。基于人才知能结构本身的不同和社会经济对人才的需求，从总体上说我国目前急需的是创新型人才、应用型人才和技能型人才。不同的人才类型需要不同的高等教育形式来培养，人才类型理论为高等教育分类提供了依据，同时也为高等教育质量标准的分类提供了理论依据。也就是说不同的人才类型应该具有不同的素质结构，应该具有不同的质量标准。在具体的人才培养质量标准的选择和制定中，不同人才类型所应该达到的知识、能力和人格素养是我们要重点考虑和把握的。

第三节　高等教育分类理论

制定高等教育标准的首要问题是要对高等教育进行合理的分类。高等教育分类及高等学校分类的重要性与急迫性是在高等教育进入大众化、普及化阶段后才凸显出来的理论和实践问题。

一、高等教育的分类

在社会学创始人涂尔干和莫斯看来，“所谓分类，是指人们把事物、事件以及有关世界的事实划分成类和种，使之各有归属，并确定它们的包含关系或排斥关系的过程”❶。高等教育分类是指人们为了更好地认识、研究和引导高等教育发展而将高等教育系统划分成不同的类型和层次，从而

❶ 涂尔干，莫斯．原始分类［M］．上海：上海人民出版社，2005：2.

确定高等教育系统中各子系统及各要素之间的相互关系（种属关系、并列关系、层次关系）的过程。[1] 这一概念的内涵包括以下五个方面：第一，高等教育分类的目的是更好地认识、研究和引导高等教育发展。第二，高等教育分类的对象是高等教育系统，这个系统至少应该包括高等教育及其实施机构——高等学校。第三，高等教育分类的内容是将高等教育作为一个统一的开放系统进行类型和层次的划分，这种划分不仅包括横向上的分类，也包括纵向上的分层。第四，高等教育分类的任务是确定高等教育系统中各子系统及各要素之间的相互关系。第五，高等教育分类是一个不断改进和完善的过程，要适时根据高等教育系统内外部环境的变化和高等教育系统自身的发展进行修改和完善，从而使高等教育以合理的结构最大限度地发挥自己的功能。

二、高等教育的分类范式和方法

从总体上来说，对高等教育系统和机构的分类主要有两种基本的分类范式——分类学范式和类型学范式，具体见表 6. 1。

表 6. 1　高等教育分类研究范式比较

	分类主体	分类目的	分类方法	分类结果
分类学	所有高等教育利益相关者	描述高等教育的发展现状、评级高校的表现	经验性方法为主（调查法和量化研究法），分类以聚类分析为主	描述式或评价式的经验体系，单维度、相对细致的指标体系和量化结果
类型学	高校和高等教育管理者、专职研究人员	调整高等教育的结构、预测高等教育趋势、探索高等学校的本质	思辨性方法为主，部分采用统计技术	设置政策或理想类型式的概念体系，多维度抽象的分类标准、结果直觉化

分类学研究范式是一种典型的科学分类体系，它通常通过经验性数据和量化研究方法，力求对现实高等学校类型进行精确的分类描述。绝大多数的高校分类研究基本上遵循了这种研究路径，其中较有影响的有美国的

[1] 潘懋元，陈厚丰．高等教育分类的方法论问题［J］．高等教育研究，2006（3）．

“卡内基高等教育机构分类法”、欧盟的“欧洲高等教育机构分类法”等。

类型学范式最突出的特点在于提出高校的概念类型，在高校分类中的运用往往侧重于阐释不同类型高等学校间的关系，将高等教育作为一个系统或整体来还原高等学校分类问题。该分类范式在高等教育管理的实践中被广泛运用，如加州总体规划对该州高等教育体系不同类型高校使命的规定、澳大利亚对其高等教育系统的划分以及联合国教科文组织“国际教育标准分类”中针对高等教育的分类系统，实际上都可划归为这种范式。

三、联合国教科文组织“国际教育标准分类法”

为统计各国的教育情况、反映世界多数国家教育体系的共性部分，联合国教科文组织于 20 世纪 70 年代，制定了第一个《国际教育标准分类法》(*International Standard Classification of Education*，ISCED)，并于 1975 年在日内瓦召开的第 35 届国际教育会议上获得批准，作为各国教育分类的指导和进行教育统计的依据。1978 年，在巴黎召开的联合国教科文组织第 20 届大会上通过了修订的《关于国际教育统计数据标准化的建议》。从 1992 年开始，联合国教科文组织专家对原分类法进行更新和修订工作；经过反复论证并征求意见，于 1997 年 1 月 25 日正式发布了《〈国际教育标准分类〉第二次修订稿》；同年 8 月 8 日，在巴黎召开的联合国教科文组织第 29 届大会上被正式批准实施。

《国际教育标准分类法》按照发展阶梯将教育划分为 7 个层次，这一分类中第 5、第 6 层次属于高等教育：第 5 层次是包含专科、本科、硕士研究生在内的一个层次，第 6 层属于博士研究生教育，详见图 6.2。

该标准把第 5 层次平行划分为 5A 和 5B 两种类型：5A 是面向理论基础、研究准备、进入高技术要求的专业课程；5B 是一种定向于某个特定职业的课程计划，是实际的、技术的、具体职业的特殊专业课程。5A 又分为 5A1 与 5A2，5A1 一般是为研究做准备的，5A2 一般是从事高科技要求的专业教育。5A 类学习年限较长，一般为 4 年以上，并可获得第二学位（硕士）证书，目的是使学生进入高级研究项目或从事高技术要求的专业。5B 类学习年限较短，一般为 2 ~ 3 年，也可以延长至 4 年或更长，学习内容是

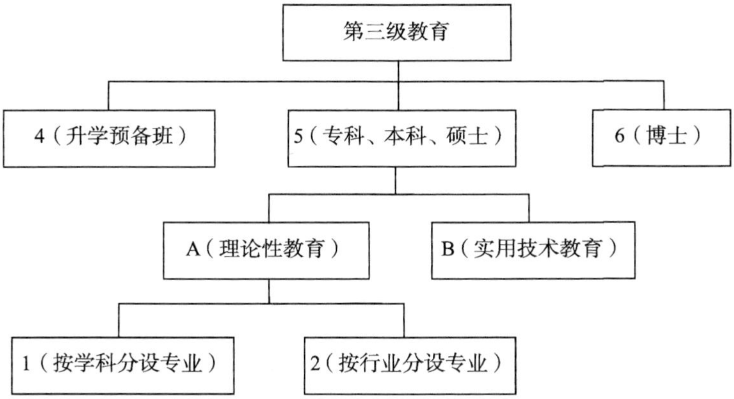

图 6.2　《国际教育标准分类法》的高等教育分类

面向实际、适应具体职业内容的，主要目的是让学生获得从事某个职业或行业所需的实际技能和知识，也就是劳务市场所需要的能力与资格。第 6 层次则是专指可获得高级研究文凭（博士学位）的博士研究生教育，旨在使学生将来进行高级研究和有创新意义的研究。详见表 6.2。[1]

表 6.2　联合国教科文组织的高等教育分类

类型			课程	人才培养目的	时间（年）	毕业要求
5	5A	5A1	理论型（研究）	为进入高级研究做准备	>4	完成一个研究项目或者论文
		5A2	理论型（技术）	为从事高科技要求的职业做准备的		
	5B		实用/技术型	让学生获得从事某个职业或行业所需的实际技能和知识	2～3	
6			进行研究，不以课程为主	进行高级研究或者具有创新意义的研究，获得高级研究资格		提交一篇发表水平的论文或者学位论文，具有独创见解且对知识的丰富有重要贡献

❶ 教育部教育管理信息中心．国际教育标准分类法［J］．教育参考资料，1998（18）．

四、高等教育分类理论在标准制定中的应用

高等教育质量标准之所以难以制定，很大原因是高等教育过于复杂，很难有一套标准可以涵盖所有类型的高等教育。高等教育分类理论为我们提供了一定的思路和启发。高等教育标准的制定首先应该对高等教育进行合理的分类才行。

实践证明，人才类型的变化在很大程度上决定着教育类型的分化，人才类型及人才培养目标是高等教育类型划分的基本依据。由于社会需要不同类型和层次的专门人才，相应地需要不同类型和层次的高等教育及学校来培养。“教育类型的划分标准和方法虽然仁者见仁，智者见智，但总不能离开人才类型的划分，即以基本的培养目标为主要依据。”[1] 因此，人才分类理论是高等教育分类的基本依据。

根据前文论述，我们将人才分为三类即创新型人才、应用型人才、技能型人才，与此相对应的教育类型分别是创新型高等教育、应用型高等教育、技能型高等教育。三类人才实质上是按各自的知能结构进行区分的，因为只有这种分类方法，才有可能使人才类型与教育类型、课程类型相对应。综合各国经验，我国现阶段将人才分为三类是比较合适的，对应的这三类人才的教育类型、课程类型已在教育实践中取得一定经验，并证明是完全可行的。

第四节　全面质量管理理论

一、全面质量管理的内涵

全面质量管理（Total Quality Management，TQM）是在统计质量管理的基础上发展起来的一种先进的质量管理理念和技术方法。它起源于美国，后来其他一些工业发达国家也开展了全面质量管理活动。特别是日本，在

---

[1] 严雪怡．试论人才分类的若干问题［J］．职教通讯，2000（8）.

20世纪60年代以后，开展全面质量管理并取得了丰硕的成果，引起世界各国的瞩目。费根堡姆在《全面质量管理》一书中将全面质量管理概述为："全面质量管理是为了能在最经济的水平上，并考虑到充分满足用户要求的条件下进行市场研究、设计、生产和服务，把企业内各部门的研制质量、维持质量和提高质量的活动，构成为一种有效的体系。"❶ 目前，对全面质量管理比较公认的理解是指组织为确保产品质量的持续提高，由组织全体人员综合运用现代科学和管理技术，对影响质量全过程的各种因素进行全面、系统的管理，以达到生产出让消费者满意的产品为目的的一种质量管理方法。"

二、全面质量管理的基本理念和指导原则

全面质量管理是基于对质量形成的全过程即质量环的控制，并通过有效的质量体系或系统工程为基础来实施和体现。❷

质量环指的是从识别需求到评定需求是否得到满足的各阶段中，影响质量的相互作用活动的概念模式。菲根堡姆博士认为，为实现提供一种顾客所满意的产品和服务，需要内容广泛的全公司范围的体系，因为任何产品的质量都受到生产活动各阶段工作的影响，因此必须把企业内各部门的研制质量、维持质量和提高质量的活动构成一体的有效体系。尽管质量环的划分随行业和产品不同而有一定差异，但产品形成的全过程都应包括在内并进行有效的控制。

全面质量管理是一种管理哲学，包含了一系列指导原则。全面质量管理基本理念可以归纳为以下几个方面。

（1）顾客导向。全面质量管理的核心是满足顾客的需求，组织只有满足或超过了自己顾客的需求，才能获得继续生存下去的动力。顾客分为外部和内部两种，外部顾客是产品或服务输出的接受者；内部顾客是组织内部的员工，确切地说是组织生产或服务流程中下道工序的接受者。内部顾

---

❶ 沈云交. 质量理论体系的一个模式——费根堡姆全面质量理论研究［J］. 世界标准化与质量管理，2007（9）.

❷ 李元静. 全面质量管理理念在高校教学管理中的应用［D］. 成都：西南交通大学，2003.

客满意是外部顾客满意的基础。

（2）持续改进。组织不能满足于现有的质量水平，必须对其不断改进和提高。全面质量管理以预防为主，采用现代管理技术和工具，尤其是统计技术来分析影响质量的关键问题，找出主要因素，并采取措施以避免和消除质量问题的产生。全面质量管理要求在质量形成的全过程中有效地控制人、机、环境等影响因素，对影响质量的关键因素采取技术和管理措施，实行重点控制和持续改进。

（3）系统管理。质量形成的过程涉及组织生产经营的各项活动，因而要对与质量有关的所有活动进行全面研究、系统分析、综合管理。全面质量管理要求专业技术与管理技术相结合，管理技术可使劳动者、劳动对象和劳动工具三要素处于最佳结合状态；专业技术和管理技术紧密结合，是提高组织素质、提高产品（服务）质量所不可缺少的。

三、全面质量管理的基本要求和特点

全面质量管理的内涵和原理决定了它的特点为“三全一多”：全过程、全员、全企业和多方法。[1]

（1）全过程的质量管理。从全过程角度看，质量产生、形成和实现的整个过程由多个相互联系、相互影响的环节组成，每一个环节都或多或少地影响着最终质量状况。为了保证和提高质量必须把影响质量的所有环节和因素都控制起来，形成一个综合性的质量管理体系，做到预防为主、防检结合、重在提高。

（2）全员的质量管理。企业中任何一个环节、任何一个人的工作质量都会不同程度地直接或间接地影响产品质量或服务质量。必须抓好全员的质量教育和培训，加强职工的质量意识，牢固树立“质量第一”的思想；提高员工的技术能力和管理能力，增强参与意识；制订各部门、各级各类人员的质量责任制度，明确任务和职权，各司其职，密切配合，形成一个高效、协调、严密的质量管理工作系统。

---

[1] 罗国英，马林．全面质量管理基本知识［M］．北京：中国经济出版社，2003：38.

（3）全企业的质量管理。全企业的质量管理可以从纵横两个角度来理解。从纵向的组织管理角度来看，质量目标的实现有赖于企业的上层、中层、基层管理直至一线员工的通力协作，其中尤以高层管理能否全力以赴起着决定性的作用。从企业职能间的横向配合来看，要保证和提高产品质量就必须使企业产品研发、生产、维持和改进质量的所有活动构成一个有效的整体。

（4）多方法的质量管理。影响产品质量和服务质量的因素越来越复杂，既有物的因素，又有人的因素；既有技术的因素，又有管理的因素；既有企业内部的因素，又有企业外部的因素。要把这一系列因素系统地控制起来，全面管好，就必须根据不同情况，区别不同影响因素，广泛、灵活地运用多种多样的现代化管理办法来解决质量问题。“多方法的质量管理”的要求是“程序科学、方法灵活、实事求是、讲求实效”。

四、全面质量管理在高校质量管理和标准中的应用

全面质量管理是一种先进的质量管理办法，是一种管理哲学思想，它对于质量的概念，质量形成的概念和质量管理的基本原则和方法等都有着全面、系统、科学的论述，并在实施过程中予以充分的体现。20 世纪 90 年代欧美一些国家开始强化高等教育质量管理，并推行全面质量管理模式。

1. 明确质量和“顾客”内涵

全面质量管理中，“质量是顾客对所提供的产品或服务所感知的优良程度”，它强调的是质量的评价主体是“顾客”，是“顾客”的感知。对于高校来说，直接的“顾客”是学生，间接的“顾客”是政府和社会，所以可以认为高等学校的教育质量是“顾客”（学生、政府和社会）对高校所提供的教育服务所感知的优良程度。学生感知的教育质量优劣是重要标准，即是否能学到有用的知识，是否能有效地提高自己的能力和综合素质，对教学内容、教学方法和教育环境是否满意等。换句话说，学生不仅追求高等教育在未来社会生活中的价值，而且重视高等教育的直接消费价

值；不仅追求高等教育的学术价值，而且重视高等教育的条件与环境价值。❶

教育质量存在着各种需要解决的问题。作为高校间接“顾客”的社会用人单位，他们是高校毕业生的最大雇主，也是高等教育“产品”的直接受惠者。他们通过使用毕业生来感知培养学校的教育质量。政府作为高校的另一个间接“顾客”，是高等教育质量评价中的特殊主体，是社会总体利益的协调者，也是高等教育活动及其“产品”质量的宏观控制者，政府对高等教育的需求不仅具有综合性的特点，而且具有鲜明的时代特征。政府和社会对高校所培养人才质量的最终检验毫无疑问是要落到高校身上。

2. 准确把握全面质量管理的内容

全面质量管理也完全适合于培养人才的高等学校。

首先，全过程指的是高校人才培养质量贯穿于人才培养的整个过程。高校也存在一个质量螺旋，人才培养质量的全过程是从社会市场调研开始，因为社会的需求是衡量质量的重要标准。然后是专业设置，制订招生计划，确定人才培养计划。通过基础教育、专业基础教学和专业教学等各个环节以及各种形式的实践环节，直到毕业。这一过程是在各种因素的相互作用下进行的，每经过一个环节人才培养质量就能得到提高。

其次，全方位指的是教育质量不仅是教学质量，还包括与人才培养质量有关的所有工作的质量。高校作为一个系统，各个部门、各个单位都直接或间接地围绕人才培养这一总目标而工作。教育系统是与学生全面素质的形成直接相关的各个环节的集合。整个教育系统的质量直接关系到人才培养的质量，可称为“过程质量”。而支持系统是间接为人才培养服务的各个环节的总和，如人事、财务、物资设备、后勤服务等，而支持系统的质量则称为“保障质量”。

最后，全员性指的是各个部门、各个单位的全体教职员工都参与的质量管理。高校每一个系部、每一个处室、每一个系统的每一个员工的工作质量都将直接或间接影响人才培养的质量。把学校制定的各种类型人才培

---

❶ 林健．高等学校人才培养全面质量管理探析［J］．高等教育研究，2001（6）．

养质量目标，层层分解落实到各部门、各环节，直到每个人，建立各种规范标准，让全体教职员工都参与到质量管理的过程中去。

第五节　学生参与理论

学生参与理论认为学生只有积极参与学校的各项活动才能学得更好，学生的学习就是学生参与的整个过程。衡量一所高校的教育质量的高低，主要是看其是否能促进学生更好地参与学校的各项活动。美国学者乔治·库（George Kuh）甚至更直接地认为，判定评价一所大学教育质量高低的核心要素就是学生的参与程度。学生参与理论是一个在正确的时间提出的正确理论。[1]

一、学生参与理论的缘起

1952 年，著名心理学家卡尔·R. 罗杰斯（Carl R. Rogers）提出在高等教育界“以学生为中心”的观点，引起了巨大轰动和广泛讨论。因为在以研究高深学问为要务的传统高等教育殿堂中，学生中心论是非常大胆的。这件事后来被教育史研究专家称为“罗杰斯挑战”。[2] 以罗杰斯为代表的人本主义心理学家和一批建构主义教育学家从不同的角度论述了“以学生为中心”的理论，使这种思想广泛而深入地渗透到大学。

学生中心论标志着高等教育质量观的改变——学生不仅是教育质量评价的客体，而且是决定教育质量的主体之一；高校不仅注重专业技术标准，而且开始关注消费者的期望和感觉，美国高等教育逐渐形成了一种“倾听服务对象心声的习惯”。传统的高等教育质量观与当代的质量观之间并不完全是相互排斥的关系，学生的专业知识、技能和能力的发展仍然是高等教育的核心所在，学生学习过程和结果的证据物化了美国高等教育的

---

❶ KUH G D. Assessing what really matters to student learning［J］. Change, 2001, 33（3）.

❷ 李嘉曾．“以学生为中心”教育理念的理论意义与实践启示［J］．中国大学教学，2008（4）．

质量观。学生的大学经验最重要的是什么？越来越多的高等教育专家赞同“参与”一词，促进学生参与，就能促使学生成功，同时提升教育质量。乔治·库甚至提出“教育质量高低的核心要素就是学生的参与程度”❶。学生参与指一种积极的学生学习，包括正式和非正式的以教育为导向的活动，代表了学生投入良好教育活动和学校对学生参与支持力度的时间和精力的共同作用。这个理论基于一个非常简单的前提：学生在完成工作时投入越多，他们就变得越熟练。

二、学生参与理论的发展

经过20多年的发展，学生参与理论影响最为深远的当数良好教育实践理论（Good Practices）及其指标体系的提出。

1. 良好教育实践理论七项原则

1986年，美国两位知名学者阿瑟·齐克林（Arthur Chickering）和泽尔达·盖姆森（Zelda Gamson）结合自身参与的教育质量实践，提出了“本科教育良好实践七项原则”❷。

（1）鼓励师生间交往。师生在课内外的接触、沟通和交流有助于增加学生的学习动力和对学习的投入；教师的关心有助于学生克服学习困难并不断进步；与教师的结识会促进学生对知识的投入并激励他们思考自己的人生价值与未来。

（2）鼓励学生间合作。学生在团队中学习比孤立工作收获会更大。学习既不是孤立的行为，也不是单纯的竞争；良好的学习和良好的工作一样，具有社会性和合作性的特点。

（3）促使学生积极学习。学生如果仅仅被动地坐在教室里听老师讲课，记忆材料和背诵答案，是不可能提高学习收获的。他们必须讨论、表述学习内容，将其与以前的经验联系并运用到日常生活中去，才能最终把学习内容吸收内化成为自身的一部分。

---

❶ KUH G D. Assessing what really matters to student learning [J]. Change, 2001, 33 (3).

❷ 刘玉祥，于长学．美国大学教育的七大原则与教学评估［J］．世界教育信息，2006 (11).

（4）给予学生及时反馈。学生需要教师对其在课堂上的表现做出及时、合适的反馈来了解自己的已知和未知，促进学习效果。在大学就读的不同时期，甚至在毕业的时候，学生都需要教师的意见来思考他们收获了什么。

（5）强调学习任务的时间性。时间 + 精力 = 学习。学习的过程中，没有什么能够替代时间的投入。院校对学生、教师、行政人员提出的时间要求往往与他们的表现成正比。

（6）向学生传达较高的期望。对学生的期望通常与学生的表现成正比。给学生设定较高的期望，教师和院校同时辅以帮助，最终会内化成学生自身努力学习的动力。

（7）尊重学生的智力差异和不同的学习方式。学生的才能和学习方法是多样的。他们把自己不同的才能和学习方法带到大学。他们需要机会展示自己的才能，需要用适合自己的方法学习。

七项原则提出的意义在于它是建立在对教学、学生学习与协作和师生互动等教育行为近 50 年的研究基础上的，许多实证性的研究均证实上述教育行为和教育质量之间的紧密关系。

2. 良好教育实践理论逻辑框架和指标体系

彼得 · T. 埃韦尔（Peter T. Ewell）的研究工作为良好教育实践理论和实践之间搭起桥梁。埃韦尔和他的研究团队把良好教育实践理论原则转换为指标体系，使其具有可操作性。良好教育实践理论指标体系，如其他绩效指标一样，包含目标、投入、教学活动和产出四部分活动，支持院校从管理哲学的高度作广泛的分析和测试。

埃韦尔在指标设计的初期就运用了简明图标的形式，见图 6.3。他强调了每一环节的结合和关系，要求管理者运用有效的途径合理地获取正确信息。同时他还强调，院校不同层次的效率取决于一系列的因素，可以采用多种方式联合监测。如果希望达到预定的院校目标，就必须保证承诺的资源能够合理地纳入预算范围、分配，并最终达到设想的结果。

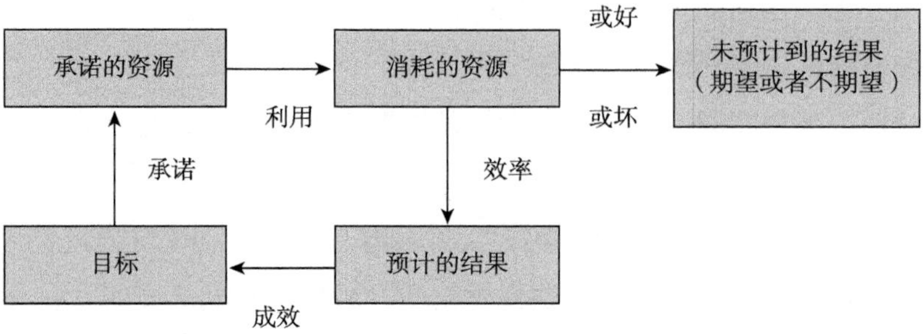

图 6.3　良好教育实践理论管理设计的概念框架

良好教育实践理论包含了从设计到学生实际参与经验相关的课程序列的一系列教学领域，同时也植根于大量的过去 30 年中影响高校学习的相关研究著作。埃韦尔和他的研究团队从中提炼出 12 项教育教学原则作为纬度，然后又以本科教育教学的 4 个环节作为经度，搭建了一个清晰的框架，开发出一套系统的指标体系，并在每一个交叉点设计了相应的指标采样点。教学实践的指标存在于教学各个环节中，可以通过合理的来源得到。[1]

三、学生参与理论与质量评价标准

学生参与理论为高等教育质量评价提供了新的视角和突破口。学生是否能够有效地参与高校的教育实践，是评判一所高校教育质量的重要标准。以往，在大学教学效果评估过程中，一直广泛采用的指标包括标准考试的分数、学生的保留率、毕业率、就业和升学率（本科升研究生）等。这些终端评估指标强调的是结果。那么，通过什么样的过程才能达到预期的结果呢？也就是说，教师如何教，学生如何学，才能使学生不辍学，按时毕业，成为合格的研究生或劳动者呢？学生参与理论强调的正是这个过程，核心是学生的积极参与，强调学生的“投入”与“融入”。

学生参与理论让我们对教育效果有了更进一步的认识：教育效果的好坏不仅仅取决于学校和教师对教学的投入，更重要的是学生的投入和融

[1] EWELL P T. Linking performance measures to resource allocation: exploring unmapped terrain [J]. Quality in higher education, 1999, 5 (3).

入。在教育质量标准的制定中，我们应该从两个层面进行考察“学生参与”：一是学生做了什么，即测量学生投入有效学习所花的时间和精力；二是高校做了什么，即大学是否采用有效的措施吸引学生参与各项活动。[1]也就是说，我们必须更加重视学生的学习投入，学生在教育实践中的参与程度、参与途径、参与效果，高校为满足学生参与教育活动的政策保障、制度建设等。这些可能才是真正影响教育质量的关键环节和因素，也是评价教育质量的关键标准。

---

❶ The NSSE 2002 report：from promise to progress – how colleges and universities are using student engagement results to improve collegiate quality ［R］. National Survey of Student Engagement，Indiana University Center for Post secondary Research and Planning，2002：8.

第七章　我国高等教育质量标准的整体设计

基于对我国高等教育现实的考量以及在借鉴国外高等教育质量标准经验的基础上，本章尝试设计我国高等教育质量标准。本章主要分为四部分：一是论述建立高等教育质量标准的基本理念和思路；二是分析制定高等教育质量标准的主体、组织架构、原则、路径和方法等；三是构建高等教育质量标准的框架体系；四是对高等教育质量分类标准做概述。

第一节　高等教育质量标准的构建理念

观念是行动的先导。建立科学合理的高等教育质量国家标准体系必须具有科学先进的理念。本节重点阐述建立高等教育标准的目的、应该秉承的质量观、价值观以及指导思想等。

一、高等教育质量标准建立的目的

建立高等教育质量标准，首先应该明确制定的目的。综观中外各种高等教育质量评价标准，会发现不同国家和地区、不同类型高等教育质量评价标准之间之所以存在较大差异，关键在于评价目的的不同。比如，美国高等教育认证最根本的目的在于保证高等教育基本质量，促进美国整体高等教育质量的提高，加强高等教育与社会的联系。从这一目的出发，美国院校和专业认证标准的特点体现为更多地选择定性标准和规定最低的准入标准，重在考察高等学校教育教学过程实现人才培养目标的程度，促使其建立起不断提高质量的意识和机制。而我国实施的本科教学工作水平评估则不同，它更重视对教育教学质量的监控和规范，因此其指标体系更强调可比性强的定量指标，重视输入标准和过程标准，并采用等级评价的方式。❶ 当前我国政府提出要建立高等教育质量标准，主要有以下几个突出的目的。

1. 实现高等教育质量的提高

《国家中长期教育改革和发展规划纲要（2010—2020 年）》对高等教育的要求是：全面提升高等教育质量，建设高等教育强国。这一目标的提出，表明高等教育质量意识已经成为我国高等教育发展的国家战略。没有标准的质量是无法评价和检测的。教育质量标准在改善教育质量的实践中发挥着导向、诊断、基准等作用，是连接教育质量理论与实践的桥梁和纽带。制定教育质量标准，能为教育机构提供更加明确的指导和发展方向。教育质量标准的建立，将有利于规范办学行为，更新教育教学理念，对课程设置提供框架指导。❷ 教育质量标准是配置教育资源的手段。以标准化、规范化的方式和手段，来合理配置教育资源，可以减少教育内外部之间、教育系统内部各级各类教育之间在人、财、物、事、时空上的摩擦和掣肘，提高教育资源的利用效率，进而提高高等教育质量。

2. 重塑人才培养的核心地位

《高等教育法》和很多文件中都明确提出，高校以人才培养为主，重视教学。但是，不可否认的是高校重科研、轻教学的现象比较普遍。部分高校忽略了学生的发展，漠视学生的诉求，导致家长、学生对教育的不满。建立高等教育质量标准就是要进一步明确高等教育质量的内涵，重塑人才培养的核心地位。人才培养是高等教育质量的根本和基石。大学之所以为大学，就是因为学生的存在；没有学生的质量，就没有大学的质量；没有人才培养的质量，其他的质量既无法实现也没有真正的意义。人才培养需要科学研究，科学研究在某种程度上决定了人才的水平和层次。但

---

❶ 赵婷婷．高等教育质量评价标准与《质量报告》[J]．高等教育研究，2012（2）．

❷ 高宝立．制定教育质量国家标准的重要意义 [J]．中国教育政策评论，2010（11）．

是，并非所有的科研成果都能直接转化为教学资源，这种转化需要制度和机制来保障。❶

3. 完善高等教育评价体系

我国高等教育评价制度和体系的建立虽然时间不长，但是取得了很大成绩。例如，建立了本科教学水平评估、学位学科评估、专业评估、高等职业教育评估等。现有的评价都是基于高等教育的某些方面而进行，当然也是从不同的方面和角度对高等教育的质量进行了评价。我国一直没有建立完善的高等教育质量标准，这是我国评价制度的一大缺憾和难题。没有完善的教育质量标准，就无法运用有效手段和方法去评价教育计划和方案的有效性，不能诊断问题之所在，也不能给出提高教育质量的良好建议。教育质量标准的制定为有效评价和诊断教育问题提供了参照系。同时，教育质量标准可作为学校、上级教育主管部门和社会检查学生学习质量的依据，也可以作为学生的自我评估标准。教育质量标准的制定可以使教育的评价与某种既定的标准联系在一起，达到既定标准的教育就是高质量的教育，有利于避免不同教育机构的质量参差不齐，这也是教育发展到新阶段的现实需要。

二、高等教育质量标准的价值取向

价值取向就是指人们对某种行为的价值定位、价值预期和价值追求，当然也包括人们对价值选择的评价，价值取向决定了社会行为的成效。高等教育的价值是多元的，从满足学生的职业发展需求到提升一个国家的综合竞争力、生产新知识等。总体上来说，建立高等教育质量标准主要有学术、社会和人文三种基本的价值取向。❷

1. 学术取向

学术取向是根据高等教育本身的学术规范和基本价值来建立高等教育的质量标准。特别是一批具有悠久历史和自身传统的学校，在发展高等教

---

❶ 邬大光．高等教育质量意识的涵义与价值——基于《质量报告》的视角［J］．高等教育研究，2012（2）．

❷ 傅宝英．高等教育质量标准的价值取向与维度分析［J］．现代教育科学，2005（1）．

育的过程中非常强调高等教育自身的规范和学术价值及学校的传统。强调严格的精英标准、捍卫学术价值和学术取向一直是这类精英高等教育的宗旨，在教育目标、办学标准、学科评价标准、课程设置、生源选拔方面都要确保这种价值取向的落实，人才培养的质量偏重于理论和学术。在这样的价值体系中，不管市场、商品、利益如何冲击，学校依然坚守学术的圣土，追求纯粹的学术价值，以传授高深学问、培养思想家和科学家、繁荣与发展文化为己任。❶

2. 社会取向

社会取向是根据社会政治、经济、文化等的发展需要，特别是劳动力市场的要求来实现高等教育的质量管理。在高等教育大众化时代，人们逐渐摒弃了教育为少数精英提供文科性非职业教育为主的传统观念，树立了为社会各行各业培养从业人员的职业教育观念。现代社会分工的进一步细化和专业化以及就业方式的快速变化，进一步促进了高等教育与生产部门的密切联系，强化了高等学校的职业教育职能。以“为社会经济政治需要服务，促进社会生产的发展和生活水平的提高”为宗旨的社会取向，逐步成为高等教育的主导方向。学以致用的观念、为生活做准备的目标也使社会和个人的需求取向进一步强化，满足劳动力市场需求和受教育者期望的价值取向成为高等教育大众化时代质量标准的又一个维度。

3. 人文取向

人文取向指的是教育满足学生的个性完善与主体地位的主动构建、弘扬与完善的程度。这种质量标准的价值取向是在人文主义旗帜下赋予学生以主体地位，强调教育对人之所以为“人”本身而不是作为社会工具的“人”的训练、陶冶与发展。人文取向认为对学生固有潜质的发展与完善的追求要优于外部功利目的或知识的追求。人文取向的质量标准的实质是教育的人文质量乃个人本位价值观的体现。依据人文取向制定的高等教育质量标准，强调的是学生导向和人文导向，注重考察高等教育服务在多大程度上适应了受教育者个体自我发展、自我完善的需要。

---

❶ 周泉兴．高等教育质量标准：特征、价值取向及结构体系［J］．江苏高教，2004（3）．

通过上文分析，学术、社会和人文价值取向都有其合理的内涵和历史发展的烙印。学术取向、社会取向和人文取向，是高等教育质量标准坐标体系中的三个基本维度。三者的关系是辩证统一的。学术质量是高等教育质量的本质体现，是社会质量和人文质量的前提和基础，提升学术质量的根本目的是社会质量和人文质量的提高。❶

从国家层面来建立质量标准，这三种取向都要兼顾。因为政府是各种利益主体的代表和协调者，要从宏观整体上来把握高等教育质量的发展和趋势。学术、社会和人文三种价值取向应该整合于高等教育质量标准之中，使高等教育质量标准体现学术、社会和个体发展的需求。但是由于高等教育时间和空间的有限性，以及高等教育层次类型的差异，彼此任务和使命的不同，高等教育实践并不能够同时实现这些价值，在实现的价值类型和预期的实现程度上总有取舍和侧重。❷ 比如有的高等教育类型更侧重学术取向，有的更侧重职业取向等。

三、高等教育质量标准的质量观

高等教育质量观反映了我们应该“如何看待高等教育质量”“高等教育质量是什么”以及“以什么样的标准来评价教育质量”等问题。建立国家标准应该树立科学的高等教育质量观。科学的质量观是以中国特色社会主义理论为指导，以科学发展观为统领，以质量提升为基本理念，以促进人的全面发展、满足社会需要和符合办学定位为根本标准的质量观。❸

1. 促进人的全面发展

人类社会发展的最终目的是实现人的自由和全面的发展。坚持以人为本，要求把促进人的发展作为高等教育的根本追求，把是否促进了人的自由和全面发展作为衡量和判断高等教育质量的首要标准。这是科学的质量

❶ 丁雪辰．关于高等教育质量标准的价值取向介析［J］．黑龙江龙高教研究，2006（7）．

❷ 王承绪，徐辉．发展战略：经费、教学科研、质量［M］．杭州：杭州大学出版社，1993：274．

❸ 吴剑平．论科学发展观指导下的高等教育质量观［J］．清华大学教育研究，2011，32（2）．

观的首要含义。

促进人的全面发展，要求高等教育始终把培养人作为根本任务，遵循教育规律和人才成长规律，全面实施素质教育，引导学生实现德智体美全面发展。在当前高等教育大众化和今后迈向普及化的过程中，尤其要坚持人才培养的根本追求，坚持以教学作为中心工作，防止单纯用学术标准来衡量高等教育质量的倾向。要坚持推进素质教育，防止只重视智育和专业教育、轻视德育、体育、美育的倾向。坚持办学的软硬件并重，注重提高教职工队伍素质，发挥大学精神和文化的潜移默化作用。总之，要始终把学生培养质量作为高等教育质量的核心内容。

2. 满足社会需要

高等教育承担着社会赋予的职责和任务。脱离社会责任来谈论高等教育质量，显然失去了意义。高等教育满足社会需要的情况，其评价的主体是社会公众和政府，评价的内容、标准和方式也由社会掌握。因此，高等教育必须站在国家和社会的立场而不是自身角度来思考与决策，要根据社会需要来调整和改进工作，努力实现社会需求。对于我国高等学校而言，就是要始终坚持为社会主义服务、为人民服务的方向，培养中国特色社会主义合格建设者和可靠接班人，为富强民主文明和谐的社会主义中国作出贡献。[1] 坚持从实际出发，把提高办学质量、培养和输送优秀人才作为高等教育服务国家社会的主要贡献点。要坚持既面向社会的现实需要又着眼潜在需要，在学科专业设置、人才培养、学术研究等方面要有预见性、前瞻性，防止急功近利、急于求成的短视行为。

3. 符合办学定位

办学定位是教育机构所坚持的人才培养层次、标准、规格以及学校发展目标等的总称。办学定位是教育机构在整个国民教育体系中的坐标，是衡量、判断和评价高等教育质量的主要依据。不同高等教育机构有着不同的师资、生源等办学条件，因此它们往往有着或明或隐的不同的办学定

---

[1] 汤晓蒙．科学质量观：高等教育质量的核心理念［J］．大学（学术版），2010（9）．

位。[1] 脱离办学定位，高等教育质量就会失去具体内涵，难以测度和评价。

把符合办学定位作为高等教育质量的基本内容，首先要求政府和社会引导高等教育机构明确办学的目标、定位，并且在评价高等教育质量时一定要以不同高等教育机构的办学定位为依据。一些职业技术学院坚持工学结合、培养职业技能型人才，毕业生很受用人单位欢迎，办学质量就很高。政府有关部门要顺应高等教育多层次、多样化的发展趋势，调整资源配置政策，鼓励和支持高校分出层次、办出特色，避免用一个标准来衡量所有高校的办学质量。促进人的全面发展、满足社会需要、符合办学定位是内在一致的，它们共同反映了高等教育质量的本质。

四、高等教育质量标准的指导思想

1. 以高等教育分类为前提

自 1999 年大扩招以来，中国高等教育实现了“跨越式”发展，2019 年开始进入了高等教育普及化阶段。“多样化”是普及化高等教育的基本特征。各高校的发展历史、地理环境、文化积淀、办学形式、教育目的、课程设置以及人才培养模式的不同，使高等教育的价值取向呈现出了多元化态势，实施多元化价值取向的高等教育，其质量也不尽相同，当然评价的标准也不尽相同。所以，建立高等教育质量国家标准，必须要面对的一个问题就是如何对高等教育进行分类。只有对高等教育进行了科学合理的分类，才能相应地建立合适的标准。教育质量标准之所以成为世界难题，很多原因就是高等教育本身的复杂性，很难有一套标准体系适合所有的高等教育类型。所以，对高等教育进行科学的分类是建立高等教育质量标准的前提。

2. 以促进学生发展为中心

培养人才是高校的基本功能和终极使命，高等教育质量的核心是人才培养质量。无论是学生个体的发展质量，还是教育服务经济社会的水平，

---

[1] 胡弼成. 高等教育质量观的演进［J］. 教育研究，2006（11）.

都是以学生个体在教育活动中形成的身心素质为基础的。[1] 所以，高等教育的质量标准要以学生为中心，以促进学生的全面发展为根本宗旨。质量标准应该紧紧围绕学生的文化水平、道德修养、身心健康、创新能力、可持续发展能力等核心要素，整合影响学生整体素质实现的关键环节和因素，比如，教学条件、师资水平、硬件设备、管理制度等。标准应该做到方向明确、重点突出、以点带面、提纲挈领。

3. *以教育目标为依据*

高等教育多样化发展是世界高等教育发展的趋势。我国高等教育目前在办学形式、层次、类型上都呈现多样化态势。这对高等教育质量标准的制定带来巨大的挑战和困难。国家标准既要有一切高等教育所共同遵循的总的质量标准，又要能体现不同教育形式、层次、类型的多样化标准。不同的高等教育，有不同的任务、不同的教育目标和人才培养规格。所以，高等教育质量标准的建立应该以各自的教育目标为依据，质量的高低以其实现目标的程度而定，实现得越好，质量就越高，反之则越低。

4. *更加关注结果*

从我国高等教育评价发展的轨迹来看，在上一轮的教育部本科教学工作水平评估指标体系中，输入标准和过程标准占较大比重，这主要和当时的高等教育发展状况有关。上一轮评估正值我国高等教育大规模扩招之时，高等教育的实施条件和制度保障面临着极大的挑战，因此，加强教育教学方面的投入，保障基本办学条件，规范教育教学制度就成为当务之急。[2] 但随着我国高等教育的发展和变化，这一评价标准体系开始显示出不适应，在“导向、功能发挥、结果、效益”等方面都存在一定的问题[3]，尤其在如何更准确和客观地描述我国高等教育质量状况，如何促进高等学校的多样化发展方面亟待加强。因此，我们认为，今后我国高等教育质量

---

❶ 马晓强．政策视野中的教育质量标准［J］．中国教育政策评论，2010.

❷ 唐景莉，杨晨光．96%被评高校认为本科教学评估很有必要［N］．中国教育报，2006－04－19（01）.

❸ 沈玉顺．高校本科教学工作水平评估的反思与改进［J］．教育发展研究，2006（19）.

应更加关注结果标准的制定。[1]

第二节　高等教育质量标准的构建路径

一、标准制定的主体和组织架构

1. 标准制定的主体

谁有权力制定高等教育质量标准？谁应该参与标准的制定？这其实是高等教育质量话语权的问题，实质是高等教育权力的博弈。

基于高等教育利益相关者理论，所有高等教育的利益相关者都有权力参与标准的制定。目前比较公认的高等教育的核心利益相关者主要有高校、政府、用人单位和学生等。

从中世纪大学伊始，高校就是教育质量的代言人。高校作为教育活动的提供者和学术研究的圣地，对教育质量的把控有着外界不可僭越的权力。在高校里从事高深知识活动的人，他们忠于自己的学科和专业，服从于知识本身的内在规律。[2] 高校对质量的衡量更多地基于知识的发展与传承，落实到学生身上，主要是对学生培养内在规格标准的要求。所以，高校是标准制定的基本主体。

随着大学在国家经济发展和科技进步中的作用日益增大，政府愈加重视管理高等教育，现代大学的发展也离不开政府的资金和政策的支持。政府作为整个国家意志的代表，对高等教育的质量保障有着举足轻重的责任和权力，并会对人才培养的规格施加直接或间接的影响。教育标准的建立是一项政府行为。教育标准体现了国家的意志和要求。应该说，建立我国的教育标准是我国教育行政管理部门的义务和责任。[3]

高校培养的人才最终要走向工作岗位，接受市场的检验。高等学校培

---

[1] 赵婷婷．高等教育质量评价标准与《质量报告》［J］．高等教育研究，2012（2）．

[2] 闫飞龙．高等教育评价标准的本质问题与多元化［J］．清华大学教育研究，2011，32（5）．

[3] 楚江亭，郭德侠．关于建立我国教育标准的思考［J］．教育理论与实践，2002（10）．

养的人才是否能满足社会经济发展的需要，是否能胜任工作岗位的要求，不同的工作岗位需要什么样的素质和能力，用人单位最有发言权。所以，用人单位是教育质量的最终检验者，当然也是标准制定的重要相关者。

随着高等教育大众化的发展，教育成本分担机制全面推行，学生负担了教育成本相当大的比例。教育质量与他们的利益休戚相关，学校教育质量的好坏直接影响到他们将来在就业市场的竞争力、收入水平，甚至未来的发展。无论是作为受教育者还是教育的消费者和出资者，他们对质量的权力和诉求不应该也不能被无视、忽视。

从以上论述我们知道，这四类利益相关者都应该参与标准的制定。那么，其权力如何分配呢？赵婷婷等对四类主体做了公众调研，其结果显示：公众认为政府、用人单位、学校和学生（家长）是教育质量标准制定主体的比例各占66%、66%、30%、28%。[1] 也就是说，公众也认为政府和用人单位最具有标准制定的权力，这符合我国的国情和现实。

根据理论分析、实证调研以及我国具体国情，我们认为我国教育行政部门担负着制定教育质量标准的最重要职责，应统筹教育质量标准的研制工作。教育科研机构、高校、用人单位、学生、家长等共同参与标准的研发，建立多元利益主体参与模式。明确各个参与主体的职责，充分发挥各类人员的作用，形成教育行政部门主导、学术研究支撑、以课题研究为平台的研制机制，形成行政、科研、高校协力攻关的工作体系，合力研发质量标准体系。[2]

2. 标准制定的组织架构

世界主要发达国家的教育质量标准研发主要有三种形式：一是由教育部相关职能或研究部门直接负责标准的制定；二是由专业学会负责研发；三是成立专门的独立机构进行标准的制定和实施工作。近年来，无论何种体制，专设教育质量标准研发与实施机构成为一种新的趋势。就我国的情

[1] 赵婷婷，董雪梅．高等教育规模的扩展对传统质量观的冲击——北京个案：问卷调查及分析［J］．现代大学教育，2002（5）．

[2] 杨润勇．关于构建教育质量国家标准的政策分析与建议［J］．教育理论与实践，2011（10）．

况而言，成立这种全国教育标准化委员会或教育部直属的具备第三方独立性质的专设机构，由它来启动教育质量标准的研制和实施工作，具有可行性。❶

在具体的组织架构上，成立标准研制的领导小组或委员会、专家工作委员会和秘书处，共同协调组织标准研制工作的设计和实施，见图 7.1。领导小组由教育部相关领导、相关专业协会人员、学科专家、高校领导和教师组成。领导小组或委员会专门负责研制工作的经费保障、宏观管理和决策、开发程序或最终文本的审批等事务。标准研制的专家工作委员会由教育专家、课程专家、学科专家、学科教育专家、教育心理学专家、测量与评价专家、专家型教师、教育管理和行政人员组成，负责对标准研制顶层方案的审议、研究队伍或项目组人员的选择或确定、研究中介或最终成果的指导、反馈和审议等工作。标准研制的秘书机构由教育部相关人员担任，专门负责标准研制的管理和协调工作等。在具体实施上，由标准研制的专家工作委员会根据标准研制的顶层设计方案，选择确定各具体研究问题的项目组和审议组成员，按照质量标准研制的整体思路逐步推进各项研究工作的进行。

二、高等教育质量标准的构建原则

1. 权威性原则

无论作为评价尺度还是作为行为规范和行动指南，质量标准要为人们所普遍认可、采信、遵从和执行，必须具有权威性。“标准的权威性，指标准是一类特殊的技术文件，它是由利益相关及关注它的各方面代表和专家参加制定，并由公认机构批准颁布的。”❷ 标准的权威性包括两个方面：一是标准研制的权威性；二是标准发布的权威性。标准研制的权威性主要体现为标准内容的科学性，因为标准的权威性是由其内容的科学性决定的，科学性是权威性的保障。而要保证标准内容的科学性，首先必须组织

---

❶ 中国教育科学研究院国际比较教育研究中心．时代的选择：建立教育质量国家标准［J］．人民教育，2012（11）．

❷ 陈玉祥．从标准的内涵看我国本科教学质量标准的建立［J］．中国高教研究，2007（7）．

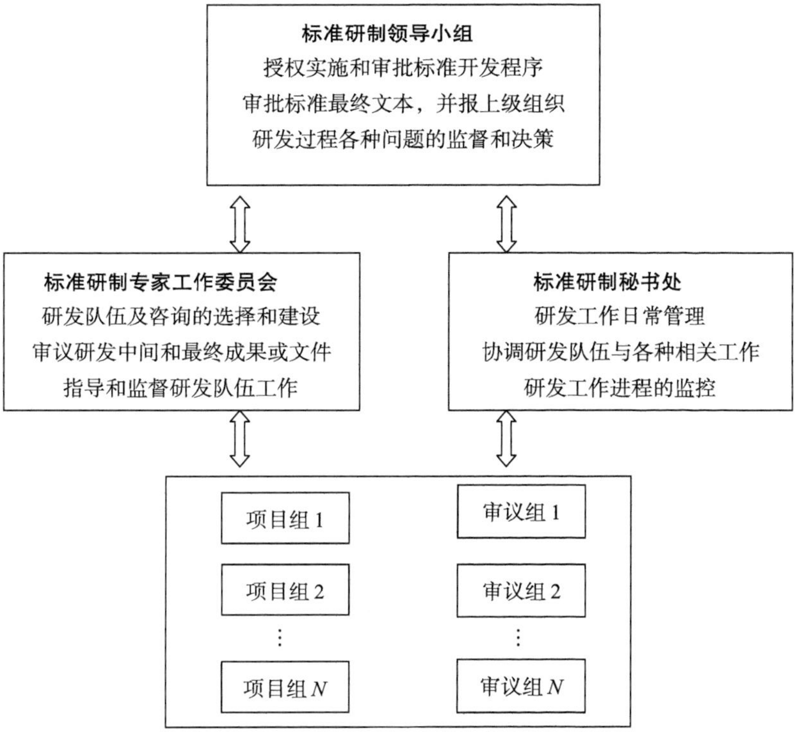

图7.1　高等教育质量标准研制的组织架构

相关学术权威开展研究和论证，发挥学术权威的智慧。同时，还要广泛倾听和吸纳用人单位、社区、家长、学生等利益相关者的意见和建议。标准由权威机构批准、发布和推行，这样才能取得合法性、权威性。要使高等教育质量标准更有力地体现国家管理高等教育的意志，我国的高等教育质量标准应由教育部发布。

2. 规范性原则

标准是规范人类实践活动的有效工具。构建高等教育质量标准必须遵循规范性原则，使高等教育质量标准达到规范化的要求，从而更好地规范高等教育质量建设。所谓规范性原则包括三层含义：一是指标准涵盖的内容要规范。内容规范化是影响标准质量的主要因素，其具体要求是：①标准所涵盖的内容要全面，不能残缺不全。②质量标准各构成要素之间要层次分明，具有内在逻辑性，避免交叉重复。③每一标准的指向要清楚，内涵要准确，外延要清晰，要求要具体，避免弹性语言。二是标准制定的程序要规范。所有的正式标准从制定到批准发布都要有一整套严格的工作程序。高等教育质量标准要做到程序规范，必须经过三个阶段，即征求意见稿——修改稿——发布稿。三是标准表达的形态要规范。这是对标准制定的技术性要求。[1]

3. 方向性原则

高等教育质量标准是国家从宏观层面对整个高等教育体系整体的把握。国家标准的制定集中体现了方向性原则。标准要集中解决高等教育质量的核心问题和关键环节，并非事无巨细地对所有环节严苛规定。标准集中反映了高等教育质量的一般要求，特别是人才培养质量的结果的基准底线要求。标准以定性描述为主，配合相应的定量规定。国家层面的质量标准体系更多体现的是一种质量规范系统，为地区高等教育以及不同层次和类型的高等教育机构提供了发展的方向和指导。例如，不同地区高等教育发展的类型和任务，不同类型和层次高等教育机构的使命和培养目标，不同类型人才培养质量的一般要求和突出特质，以及高等教育机构培养的人才与社会经济发展的匹配性等。各高等教育机构在国家标准的统一规定下，积极开展具有特色的教学、研究和社会服务，建立高校个性化的质量标准。

4. 统一性与多样性相结合的原则

制定高等教育质量标准首先必须坚持统一性。统一性反映的是高等教育内在的、共同的本质，指一切高等教育所共同遵循的总的质量标准，也称高等教育的基本质量标准，是一个国家对高等教育各种活动的总体要求或基本要求，是所有类型、形式和层次的高等教育都必须遵循的。多样性反映的是高等教育的个性特征，是指不同类型、不同层次、不同办学形式的高等教育在具体的质量标准上是不同的，也称高等教育的具体质量标准。它是由高等教育的培养目标、规格和任务的多样性决定的。事实上，“衡量、评价高等教育的质量标准从来就不是单一或唯一的”。[2]

---

[1] 林永柏. 试论制定高等教育质量标准应遵循的基本原则［J］. 现代教育科学，2010（5）.

[2] 王宪平. 高等教育质量统一性与多样性的辩证关系分析［J］. 理工高教研究，2004（3）.

统一性与多样性是相辅相成的，统一性为所有高等教育达到共同的基本要求提供了保障，同时也为同一类型、同一层次、同一办学形式的高等教育之间的相互比较提供了依据。高等教育质量的多样性则是保证高等教育满足社会多样化需求、使高等教育富有特色和活力的必由之路，但不能片面地或绝对地理解多样性，否则，“可能成为敷衍或者回避客观存在的质量问题，或者成为质量滑坡的‘挡箭牌’，甚至成为高等教育不要质量标准的依据”[1]。

5. 国际性与本土性相结合原则

建立我国的教育标准应符合我国的国情，具有中国特色。这就要求我们在吸取国际组织和其他发达国家教育标准的优点时，一定要同我国经济、文化和教育的发展状况及特点紧密地结合起来。高等教育质量在一定意义上是标准的代名词，而高等教育水平是通过比较得出的。由于各国高等教育的背景不同，因而具有很大的本土特征，但是在高等教育国际化的背景下，各国高等教育还必须具有国际视野，否则就会缺乏可比性。所以，在设计高等教育质量的标准时，还必须要兼顾国际视野，要有国际化指标。

国际视野主要是分析学习国际上先进的标准制定理念、制定模式和制定方法，特别是高水平的高等教育质量的本质标准，力争使我们的国家标准科学、先进，符合世界高等教育发展的趋势和潮流，使我国的高等教育质量水平能达到国际水平。同时，标准具有极强的地域性和现实性。建立国家标准必须立足于我国高等教育的现实情况，以及我们国家的社会经济发展需求还有国家的教育体制等现实问题，脱离了我国现实的标准是无法应用的标准。所以，要制定出科学先进、具有公信力的优质标准，必然是国际性与本土性的结合。

三、高等教育质量标准制定的步骤和方法

（一）标准制定的步骤

为了确保质量，我国高等教育质量标准的研制可以考虑遵循计划、研

[1] 朱祖平. 高等教育使命及其质量标准探索［J］. 福州大学学报（哲学社会科学版），2004（2）.

究、开发、意见征询和采纳的整体思路，具体见图 7.2。

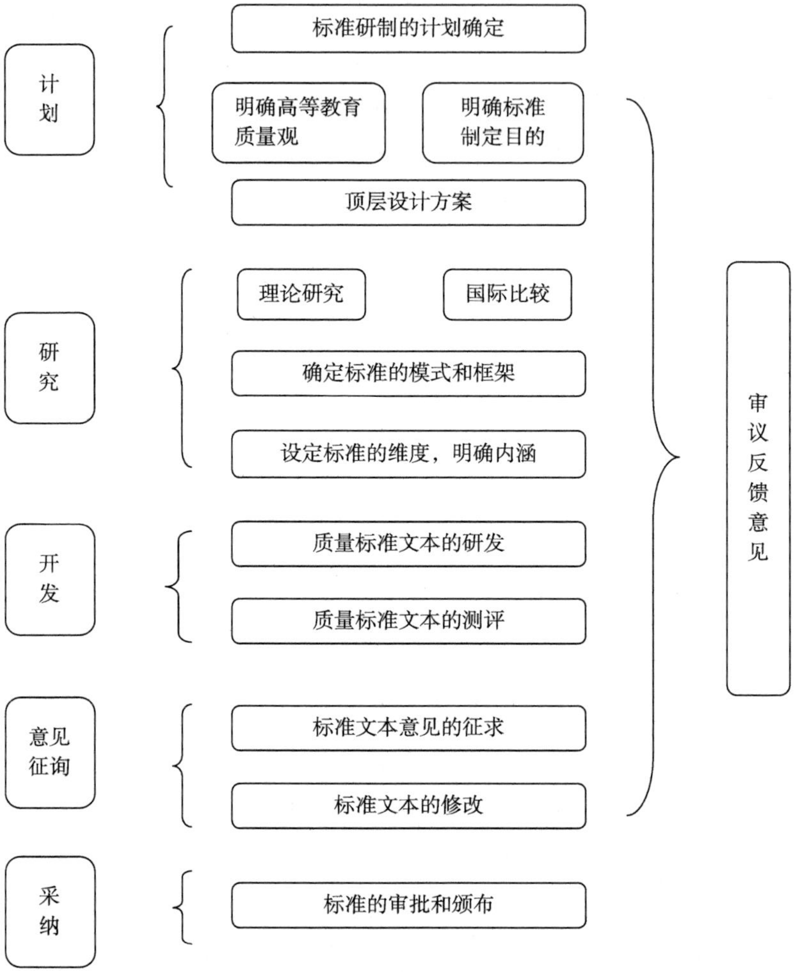

图 7.2　高等教育质量标准研发的路径

（1）计划阶段。主要论证标准研制的可行性，确定标准研制的基本原则，制定质量标准研制的顶层设计方案，明确标准研制的基本流程、理论和技术问题、人员队伍、组织架构、时间进程和经费预算等。

（2）研究阶段。详细分析基本理论，借鉴世界先进经验，厘清相关概念和理论流派，论证标准理论基础和价值取向，梳理各国质量标准研制经验和具体做法，设计质量标准的模式、基本框架、编排和表述等，确定各分类标准的模型和维度等。

（3）开发阶段。组织相关团队，从理论分析和大规模调研两个角度进行，运用定性和定量相结合的方法，进行各分类质量标准文本的研制工作。理论分析形成标准的维度和内涵，调研分析修正理论的预期，并确定标准中有关量化的指标等。

（4）意见征询阶段。通过各种渠道，在不同范围内对初步研制的质量标准进行意见征询，并根据建议不断修改标准，这是质量标准制定和选择中最重要的一环。因为质量评价的最终目的是保证和提高质量，而不断地征询意见和达成共识的过程，正是认识质量、保证质量、提高质量的关键环节。

（5）采纳阶段。最终的标准研究成果提交标准研制的专家工作委员会审批通过。上述研制阶段和审议意见征询过程之后形成的质量标准文本进入最终的采纳阶段，提交国家相关部门审批和颁布。

标准研制的每个阶段都需要质量标准研制的专家工作委员会，选择或委托相关专家成立不同的项目组，对相关问题展开专项研究。同时，成立针对不同专题研究的专家审议小组，讨论和论证各项目组提交的研究成果，并提出审议意见和建议。项目组根据专家审议小组反馈的意见对研究报告进行修改或者补充新的研究，并在此基础上形成相关专题的研究成果。为了确保标准研制过程成为构建教育质量话语体系的过程，相关研究成果需要在尽可能广泛的范围内征询各方面意见。❶

（二）标准制定的方法

任何方法的选择都是根据研究对象和目的来确定的。高等教育质量标准是为了国家能从宏观层面对整个高等教育系统的质量给予引导和规范，主要以概括性的描述性标准为主，辅以一定的量化指标。所以，建立标准的方法也以定性方法为主，辅以定量方法。

1. 定性方法

定性方法是指在已有的价值理论指导下，根据既定的价值结构，运用

❶ 杨向东．基础教育学业质量标准的研制［J］．全球教育展望，2012（5）．

非数学方法对评价对象的价值结构与既定价值结构的一致性作出判断，其直接目的是确认事物是否具有某种价值。定性方法是逻辑而系统的评价，借助于表现事物价值的文字资料、行为体现和事实状态等评述客体。

定性方法主要包括教育目标分类学的方法、任务分析法、功能分析法和内涵分析法。

教育目标分类学的方法就是借助若干中间过渡环节，先将教育的总体目标分解为次级目标，再将次级目标分解为指标，使教育目标成为可测性的指标。

功能分析法和任务分析法主要从就业环境对工作角色期望的角度和工作任务所需能力的角度，把工作所需技术方面和非技术方面的要求分解转化为学生应具备的核心能力。[1] 任务分析法是指找出和验证特定岗位工作人员所执行的任务，对职业的工作任务、职责范围、知识技能要求和条件与环境等几方面进行分析，其主要目的是确定工作的性质、内容以及承担该项工作所需的知识和技能，从而根据职业岗位要求设计、确定相关专业教育所培养的人才规格。功能分析法就是试图与较广的工作角色功能相联系，直接面对工作角色期望与职业目标的问题而产生的一种标准制定方法。功能分析法是一种整体的、系统本位的分析方法，它立足于工作目的和结果分析整个职业。特别是对于那些要求以心智性、内隐性和综合性技能为主的职业岗位，采用功能分析法作为整合能力（胜任力）标准的开发方法，更为合适。功能分析法目前已被许多发达国家采用。[2]

内涵分析法是因为对象具有多重属性，为了做出科学的价值判断，进行深入分析，抓住最本质的属性，把反映这一本质属性的可观察的外表表现确定为具体的标准。[3] 采用这样的方法，旨在从高等教育培养目标、工作角色期望、公民素养总目标入手，结合相应的学科类型、层层分解，推演出可观察的学生所应具备的思想道德修养、知识文化水平、身心发展以及职业能力内涵标准。

---

❶ 肖化移．高等职业教育质量标准研究［D］．上海：华东师范大学，2004.

❷ 上海市劳动和社会保障局．OECD 国家的职业资格鉴定制度［J］．中国培训，2006（2）.

❸ 何兆华．教育评估研究［M］．西安：三秦出版社，2009：210.

2. 定量分析法

定量方法是运用定量数据对客体进行价值判断的过程，是主体运用已经建立起来的、与数学结构模式相对应的价值结构模式，去判断客体当前的价值是否是他们所需要的价值。定量方法需要运用数学科学与技术。定量方法强调按着量化所建立起来的、与价值结构相对应的数学结构进行判断。定量是非常明确的，是事先制定好的，并且具有客观性，体现主体对客体现实价值的需求程度。

定量方法主要通过大规模的实证调研获得一手的数据和资料，利用教育测量与统计、模糊数学等技术和方法，在目标实现程度上、数量上力求具体化和精确化。

定量方法主要用于评价性标准和表现性标准。

所有标准设定归根结底都依赖人的主观判断。但是，制定标准的整个过程要经过精心策划，吸纳具有丰富理论修养和实践经验的专家学者以及利益相关者，要收集大量的数据和资料进行分析和统计，还要对标准的草案进行反复的征询和修订，最后才能定稿发布。所以，标准的制定虽然主观，但具有较强的客观性和一定的科学性。

第三节　高等教育质量标准的框架设计[1]

本节尝试提出我国高等教育质量标准设计的原则、思路和总体框架。我国高等教育质量标准应以高等教育人才培养为逻辑起点，以高等教育分类为前提，以满足个体和社会的需求为根本。基于人才培养目标的不同，高等教育质量标准分为创新型高等教育质量标准、应用型高等教育质量标准和技能型高等教育质量标准；基于 CIPP 模式和人才培养全过程，高等教育质量标准的维度分为培养目标、教学过程、保障条件和结果评价。通过对标准、维度和关键要素的分析，本节提出了我国高等教育质量标准的总体框架，以期对我国高等教育质量标准的建设提供参考。

---

[1] 本节内容已经在《现代教育管理》2020 年 12 月发表。

一、建立我国高等教育质量标准的基础

2009年世界高等教育大会提出，“质量标准必须反映高等教育的总体目标，鼓励创新和多样性”❶。这为我们研究和制定高等教育质量标准指明了方向。基于我国高等教育发展的现实情况以及国际高等教育质量标准的发展趋势，我国高等教育质量标准的建设首先应该把握以下基础。

1. 以高等教育分类为前提

自1999年扩招以来，我国高等教育经过“跨越式”发展，实现了大众化。由于各高校的发展历史、培养目标、办学形式、课程设置以及人才培养模式的不同，“多样化”成为大众化高等教育的基本特征。“多样化”的高等教育，其质量也必然不尽相同，当然评价的标准也不应该相同。教育质量标准之所以成为世界难题，很大原因就是高等教育本身具有复杂性，很难有一套标准体系适合所有的高等教育类型。所以，这就需要首先对高等教育进行科学合理的分类，才能相应地建立不同类型的高等教育质量标准。

2. 以促进学生发展为中心

众所周知，培养人才是高等教育的基本功能和终极使命，高等教育质量的核心是人才培养质量。无论是学生个体的发展质量，还是教育服务经济社会的水平，都是以学生个体在教育活动中形成的身心素质为基础的。❷所以，高等教育的质量标准要以学生为中心，以促进学生的全面发展为根本宗旨。质量标准应该紧紧围绕学生的核心素养，系统整合影响学生核心素养实现的关键环节和因素。

3. 以教育培养目标为依据

《教育大辞典》指出，衡量高等教育质量的标准是教育目的和各级各类学校的培养目标。潘懋元教授将高等教育质量标准分为两个层次，一个

❶ 联合国教科文组织．社会变革与高等教育发展新动力——2009年世界高等教育大会公报［EB/OL］．（2009－07－05）［2018－08－01］．http：//wenku. baidu. com/view/66755b0702020.

❷ 马晓强．政策视野中的教育质量标准［J］．中国教育政策评论，2010.

是一般的基本质量要求，另一个是具体的人才合格标准。❶ 高等教育质量标准既要有全部高等教育所共同遵循的总的质量标准，又要有能体现不同教育形式、层次、类型的多样化标准。不同的高等教育，有不同的任务、教育目标和人才培养规格。所以，高等教育质量标准的建立应该以各自的教育目标为依据，评价质量的高低以其实现目标的程度而定，实现得越好，质量就越高，反之则越低。

4. 更加关注结果

我国以往的高等教育评估指标体系中，输入标准和过程标准占有较大比重，这主要和当时的高等教育发展状况有关。随着我国高等教育的发展和变化，这一评价标准体系开始显示出不适应，在“导向、功能发挥、结果、效益”等方面都存在一定的问题。❷ 从世界高等教育质量评价的发展趋势来看，教育质量的评价越来越关注学生的学习产出、学生的满意度以及学生就业质量等结果，通过对教育结果的评价，更容易提纲挈领、抓住核心，并且给予地方和高校更多的自由发展空间。所以，建立我国高等教育质量标准，应更加注重结果标准的制定。

二、建立我国高等教育质量标准的思路

1. 以高等教育分类确定质量标准的类型

近30年来，我国高等教育在不断分化，人们开始接受高等教育质量多元化的观点。根据联合国教科文组织对教育的分类理论，对教育的分类应该基于教育的使命，也就是培养目标。培养什么样的人才就应该采用什么样的教育，培养的人才类型不同，教育的类型也不同。《教育部关于“十三五”时期高等学校设置工作的意见》（教发〔2017〕3号）也明确指出，以人才培养定位为基础，我国高等教育总体上可分为研究型、应用型和职业技能型三大类型（见表7.1）。研究型高等教育一般由高水平大学承担，以培养创新型人才为主，研究生培养占较大比重。应用型高等教育一般由

❶ 潘懋元，王伟廉．高等教育学［M］．福州：福建教育出版社，1995：123.

❷ 沈玉顺．高校本科教学工作水平评估的反思与改进［J］．教育发展研究，2006（19）.

地方本科院校承担，主要从事服务经济社会发展的本科以上层次应用型人才的培养。职业技能型高等教育一般由高职院校承担，主要从事生产管理服务一线的专科层次技能型人才的培养。❶ 不同类型的高等教育机构根据其人才培养类型来确定各自的质量标准。

表 7.1　三种类型高等教育的基本特征

高等教育类型	培养目标	价值取向	学位分类	学制（年）	高校类型
研究型	创新型人才	理论性	研究生为主	4～10	高水平建设大学等
应用型	应用型人才	应用性	本科为主	4～7	一般本科院校等
职业技能型	技能型人才	技能性	专科为主	3～4	高等职业院校等

2. 以 CIPP 评价模式确定质量标准的框架结构

CIPP 模式是美国学者斯塔弗尔比姆（Stufflebeam）提出的一种教育评价模式。他主张教育评价由背景评价、输入评价、过程评价和成果评价组成。背景评价即根据对象的需要，对教育目标本身的合理性、周期性等做出价值判断，旨在形成计划决策；输入评价是在阐明决策目标以后，关于达到目标所需要而且可以得到的条件的评价，在本质上可以理解为计划、方案的可行性、合法性及道德性评价；过程评价即通过大量搜集、整理、分析、综合信息资料对计划实施情况的持续不断的检查，旨在指导决策实施过程；成果评价是对教育成就的测量、解释和判断，旨在确证满足需要的程度，为下一次循环评价服务。❷

高等教育质量的输入包括教育经费、场地、设施、师资、学生学习、教学管理政策、学校政策等的投入；教育过程即为其处理或转换的过程，包括教育教学过程、教学计划编制、教学管理等活动中的步骤进程、预期绩效以及学生学习的投入和参与等；输出阶段主要是教育的结果，如毕业生或学生满意度、教师满意度、用人单位满意度、学生就业率等。

---

❶ 教育部．教育部关于“十三五”时期高等学校设置工作的意见（教发〔2017〕3 号）[EB/OL]．(2017－02－04)[2020－06－12]．http：//www.moe.gov.cn/srcsite/A03/s181/201702/t20170217_296529.html2017.

❷ 吴钢．现代教育评价教程 [M]．北京：北京大学出版社，2008：16.

3. 以人才培养过程确定质量标准的核心要素

教育部的《关于深化教学改革，培养适应 21 世纪需要的高质量人才的意见》文件提到："人才培养模式是学校为了提高学生的知识、能力、素质并形成合理的素质结构，以及实现这种结构的方式，它从根本上规定了人才特征并且集中体现了教育观念。"❶ 人才培养模式涉及"课程体系、教育手段、教学方法与教学组织等要素"（见图 7.3）。虽然不同的高等教育类型培养人才的具体模式不尽相同，但是总体来说，人才培养过程和涉及的核心要素是具有共性的。一般来说，人才培养全过程主要包括教育目标的设定、教育条件的提供、教育过程的实施和教育结果的产出。高等教育质量标准的核心要素应该以人才培养的流程为线索，截取关键环节和核心要素。

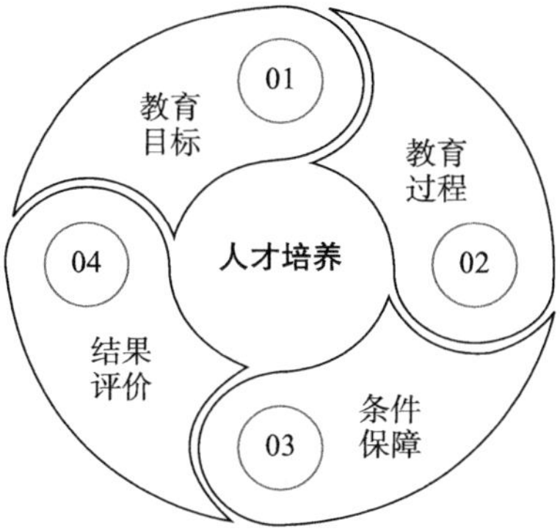

图 7.3　以人才培养为核心的教育质量链

据此，我们在制订我国高等教育质量标准时，第一，要考虑教育类型的差异以及人才培养过程的核心要素，确定标准的结构。第二，要衡量办学宗旨及目标的科学性和合理性，考察课程、办学条件、教师等能否实现此办学宗旨和目标，培养的人才即教育结果能否达到培养目标的要求。第三，合理制定人才培养目标标准和教育过程评价标准，在重视教育目标的同时，加强对教育过程的监测及教育结果的评价。

---

❶ 关于深化教学改革，培养适应 21 世纪需要的高质量人才的意见［EB/OL］.（1998－04－10）［2020－06－18］. http：//www. moe. gov. cn/srcsite/A08/s7056/199804/t19980410_162625. html.

三、我国高等教育质量标准的框架设计

通过对已有研究的梳理和相关理论的分析，我们尝试对我国高等教育质量标准进行初步的设计：一是基于人才培养类型的不同，设计不同的高等教育质量标准；二是从人才培养过程的关键环节和核心要素入手，设计高等教育质量标准的维度和内涵，进而提出我国高等教育质量标准的总体框架。

1. 高等教育质量标准类型设计

根据前文所述，我们以人才培养作为高等教育质量分类标准的逻辑起点和基础，高等教育可以分为创新型高等教育、应用型高等教育和技能型高等教育。这三类高等教育由于培养的人才类型不同，其质量观和价值取向必然不同，相应的质量标准也不相同。

（1）创新型高等教育质量标准。

创新型高等教育以产出更多的原创性基础研究成果和培养创新型人才为发展目标，以培养和造就“拔尖创新人才”为主要任务，是国家高层次人才培养的重要基地。创新型高等教育的质量观应该是学术价值本位的质量观，是知识、能力、素质全面发展的质量观，是学术性、创新性、特色性辩证统一的现代质量观。

创新型高等教育的质量标准的价值取向是“科学”。科学是人类认识自然的产物，集中体现在认识、发现自然事物的各种规律、定律、法则、原理等。科学的价值取向认为学生在取得表征的、抽象的、逻辑严密的、系统的知识之后，就可以自动转化为适当的行为，去认识和探索客观事物的规律、法则和原理。在此基础上，科学取向的质量标准，主张精心选择学科及学科知识，每一学科的知识根据从易到难的原则加以组织和排列，形成一个多学科并行、由易及难的知识结构体系。这一体系的逻辑起点是学科知识，而非技术或学生经验。

（2）应用型高等教育质量标准。

应用型高等教育是在科技发展和高等教育由精英教育向大众化教育转变过程中形成的一种新的教育类型，是相对于理论型教育和实用技术型教

育而言的。应用型高等教育以培养知识、能力和素质全面而协调发展，面向生产、建设、管理、服务一线的高级应用型人才为目标。❶

应用型高等教育的质量标准的价值取向是“技术”。技术是人类改造自然事物的工具，是将已有的定律、原理、规律、法则等在社会生产、生活中进行应用，也就是专门性知识的应用技术，即专门技术取向。技术取向认为学生在取得表征的、抽象的、专业基础理论知识之后，就可以自动转化为相应的应用行为，去改造自然。在此基础上，专门技术取向的标准主张精心选择某行业领域的专门性知识，根据某一技术发展的特殊性将知识进行组合和排列，形成针对这一技术的知识结构体系。这一体系是以发展某一行业领域技术为目标，并非强调系统学科知识的逻辑。

（3）技能型高等教育质量标准。

技能型高等教育的培养目标是在生产服务第一线工作的人才，这类人才的主要作用是将成熟的技术和管理规范变成现实的生产和服务，在第一线从事管理和运用工作。技能型高等教育强调所培养的学生满足国家、社会及用人部门的需要，把对外部需求的满足程度作为衡量教育质量的核心标准，把职业知识、职业素质、职业技能和职业精神的传授和培养作为人才培养的中心任务，把所培养的人才对经济社会发展的贡献程度作为衡量办学成功与否的基本标准。

技能型高等教育的质量标准的价值取向是“技能”，也就是与特定职业岗位相对应的实践操作技能，即岗位技能取向。技能的价值取向认为学生在取得与特定岗位相应的基础理论知识之后，就可以自动转化为岗位工作所需要的规范性操作行为。在此基础上，岗位技能取向的专业标准主张精心选择针对某职业岗位相应的知识——以实践操作需要够用为度，形成针对特定职业岗位所需要的知识结构体系。这一体系是以掌握规范性操作技能为主要目标，强调经验，绝非系统学科知识的逻辑。

2. 高等教育质量标准维度设计

基于高等教育培养的人才类型，高等教育质量标准可以从多个维度来

---

❶ 史秋衡，王爱萍．应用型本科教育的基本特征［J］．教育发展研究，2008（21）．

考虑。在人才培养质量形成过程的不同阶段，其质量标准是不同的。从人才培养质量形成过程出发，质量标准可以从四个维度来考虑，即目标确立、培养过程、保障条件、教育结果（见表7.2）。

表7.2　高等教育质量维度及具体内涵

维度	具体内涵
目标	创新型人才的标准（知识、能力、素质等）； 应用型人才的标准（知识、能力、素质等）； 技能型人才的标准（知识、能力、素质等）
过程	人才培养理念和教育改革思路是否能够充分体现各类人才培养目标； 课程内容体系是否能够充分体现各类人才培养目标； 实践教学是否能够满足各类人才培养目标的要求； 教学过程和方法手段是否能够满足各类人才培养目标的要求； 人才培养方法是否符合各类人才培养需要
保障	人、财、物等资源配置和学习环境是否能够满足各类人才培养的需求； 教师队伍的结构素质和投入是否能够保证人才培养目标实现； 学校的行政和管理体系是否能够适应各类人才培养； 学校的各类制度是否能够满足各类人才培养的需要
结果	各类人才的培养目标达成程度； 各类人才培养的学生满意度，包括学生的感受； 各类人才的社会满意度； 各类人才培养的增值测量

（1）培养目标。

培养目标规定着人才的培养方向和规格要求，是整个培养活动的出发点和归宿，具有导向作用。❶ 目标确立可以从两个层面来考虑。一是确立预设目标的价值观。有什么样的教学目的价值取向就有什么样的教育质量标准价值观。英国学者怀特在《再论教育目的》一书中提出了三种教育目的价值取向，即教育内在目的观、学生为中心的教育目的观和社会指向的教育目的观。❷ 三种价值观不可或缺，需要根据学校办学定位权衡。二是

❶ 许荣花，白宗新．建构人才培养质量标刍议［J］．树人大学学报（社会科学版），2012（10）．

❷ 怀特．再论教育目的［M］．李永宏，等译．北京：教育科学出版社，1997：27－28.

确立预设目标的具体标准。预设目标的具体标准要体现学校办学定位，体现时代特征和发展需要。培养目标一般可以从“知识素质、能力素质和人格素质”三个维度建立相应的标准。知识维度包括对学科基础知识以及相关学科综合专业知识的了解、理解、综合、运用等情况。能力维度有一般能力和专业能力之分，包括认识能力、操作能力、表达能力、创新能力，分析和研究问题的能力等。人格维度主要体现在政治素养、社会公德、职业道德以及身体健康和心理健康等维度。

（2）培养过程。

培养过程的质量标准是确立其各个主要环节应达到的质量标准。根据培养过程的主要环节可以从五个方面考虑其质量标准，即课程体系、实践教学、教学方法、学生参与和科学研究等。

课程体系是高等教育培养人才的载体，是培养目标和培养规格的具体体现，应该能够促使学生在知识、能力、素质三个方面得到提高，形成高质量的人才的基本素质和能力。实践教学是巩固理论知识和加深理论认识的有效途径，是培养人才的重要环节，是理论联系实际、培养学生掌握科学方法和提高动手能力的重要平台。教学方法是教师和学生为了实现共同的教学目标，完成共同的教学任务，在教学过程中运用的方式与手段，包括问题教学法、探究式教学法、开放式教学法、发现教学法等。学生参与是高等教育质量的一个关键性因素。教育质量在很大程度上取决于学生参与学习过程的程度和方式以及高等院校为学生参与提供的条件和程度。学生参与的形式、内容、条件以及反馈等都会对教育质量产生重要的影响。所有类型的高等教育应该进行一定的科学研究，但是不同类型的高等教育开展的科学研究在深度、广度以及与教学的关系上具有差异性。

（3）保障条件。

保障条件主要包括物质保障和精神保障两方面。物质保障需要有底线标准，主要指人、财、物、信息、组织保障等，是维持和提升教育质量的物质资源。精神保障主要涉及人的精神层面和质量文化等因素，如学校管理人员、教师、学生的态度、价值观以及学校文化等。因此保障条件可以从制度保障、条件保障、经费保障、信息保障、质量保障等方面考虑。

制度保障主要涉及机构设置制度、管理制度和工作制度等方面。具体的制度主要有决策制度、人事管理制度、教学管理制度、科研管理制度、学生管理制度等。条件保障包括硬件保障条件和软件保障条件。硬件保障条件包括教室、实验室、运动场地以及餐饮住宿等基本办学条件。软件保障条件包括师资队伍、行政管理人员等。教育经费包括要如何筹措教育经费，如何分配教育经费，以及如何使用教育经费的问题。信息保障包括信息提供机构、信息获取渠道、信息内容、信息监控以及信息反馈和改进等。质量保障包括学校建立的各种质量监控机构、制度标准、规范流程等，也是高等教育人才培养的重要保障条件。

（4）结果评价。

教育结果的标准主要是指毕业生达到的质量标准，也就是“目标的达成”和“需求的满足”。从教育要满足国家、社会、学生需求出发，具体可以从就业率、就业质量、社会满意度以及价值增值等方面考虑。就业率的高低是衡量学校办学水平、学生是否受用人单位欢迎的主要标志。就业质量可以从毕业生平均起薪、岗位晋升率等方面进行调查。社会满意度可以从三个方面考虑：用人单位、毕业生家长、毕业生。用人单位所评内容应该以毕业生整体素质和就业能力为主。毕业生家长所评内容应该以学校管理为主。毕业生所评内容应该以学校教学和就业服务水平为主。增值性评价是国际上最为前沿的教育评价方式，是评价教育质量的一种新的视角。通过计算学生在学校里所获得的增值来获得学校效能，主要有两种方式：一种是通过影响学生成绩的因素来计算学生在学校学习后所获得的期望成绩，然后把学生实际获得的成绩和期望成绩进行比较来获得增值；一种是直接通过学生的相关学科和能力的毕业成绩和入学成绩的比较来获得增值。

3. 高等教育质量标准框架设计

通过以上分析，我们初步设计了我国高等教育质量标准的总体框架（见图7.4）。首先，高等教育质量标准分为创新型高等教育质量标准、应用型高等教育质量标准和技能型高等教育质量标准，每类质量标准从四个维度即培养目标、培养过程、保障条件和结果评价分别进行制定。质量标准突出了以学生发展为中心、多元利益主体诉求、价值增值和市场检验的思想，对学生对学业的满意度、用人单位对毕业生的满意度都给予了足够的重视。这是高等教育质量标准的核心，也是世界高等教育质量标准的发展趋势。

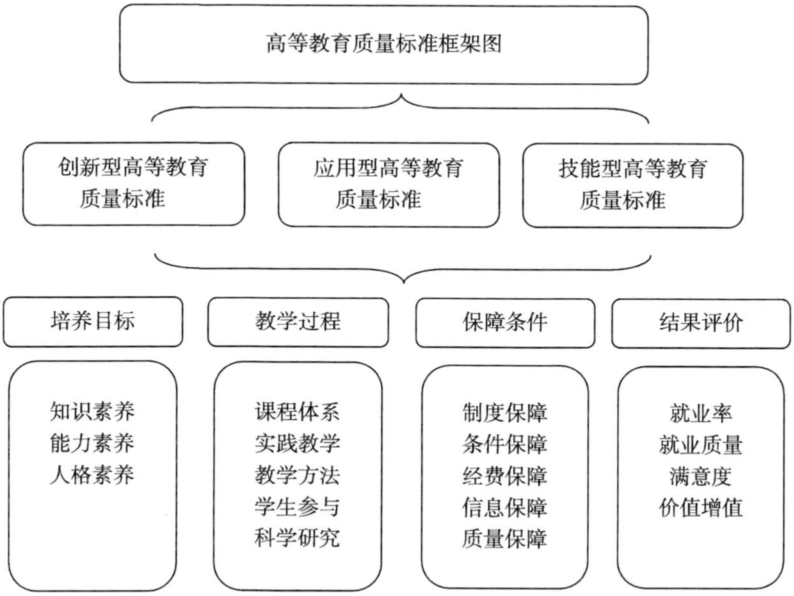

图 7.4　我国高等教育质量标准总体框架

高等教育质量标准的研究和实践一直是一个非常复杂的问题，甚至可以说是一个“世界难题”。标准，从某种角度上说是一种主观价值判断。不同的国家、不同的机构、不同的学者基于不同的目的和角度，可能提出的质量标准各不相同，只有经过反复论证和试验，才有可能真正应用于实践并指导实践。本书仅仅是对我国高等教育质量标准的框架提出了初步的设想和分类，还需要进行更深入的研究和实践，希望未来能够对我国高等教育质量标准的推进有所裨益。

第四节　高等教育质量分类标准概述

本节拟对三类高等教育即创新型高等教育、应用型高等教育和技能型高等教育的质量分类标准做进一步的描述和分析，重点分析不同高等教育类型在人才培养的学业质量、保障条件以及质量评价方面的规范或者理想状态，希望能为我国高等教育质量标准的具体研发提供参考。

一、创新型高等教育质量分类标准概述

1. 质量观

创新型高等教育以产出更多的原创性基础研究成果和培养创新型人才为发展目标，以培养和造就“拔尖创新人才”为主要任务，是国家高层次人才培养的重要基地。创新型高等教育的质量观应该是学术价值本位的质量观，是知识、能力、素质全面发展的质量观，是学术性、创新性、特色性辩证统一的现代质量观。

如前文所述，创新型高等教育的质量标准，如前所述，其价值取向是“科学”。

2. 学业质量

培养创新型人才要本着“厚基础、重实践、强能力、求创新”的原则。在知识、能力、人格等素质内化于人才的逻辑关系上，是知识素质—能力素质—人格素质，逻辑性知识是根本，创新能力是核心，良好人格是保障。具体的学业质量要求如下。

（1）具有扎实、宽广的基础理论知识，注重历史、人文、社会、自然等领域相关基础性知识的构建，形成基础宽厚、结构合理的基础性文化知识体系。

（2）具有深厚的专业知识基础，具备宽广的国际视野，能够掌握学科最前沿理论、最新方法和最新技术。

（3）具备原始创新、集成创新能力，具有一定的创新成果。在解决问题的各种学习实践活动中能提出创新性的见解和方法。

（4）能够灵活运用逻辑思维、形象思维、建设性的批判思维等多元思维方式。

（5）能够准确地抓住自然、社会、事物或现象的特征，进行问题分析、表述、判断、解决。

（6）具有敏锐的判断力、良好的审美力和理性的推理能力。

（7）熟练掌握计算机应用知识与操作技能，具备高超的信息检索技巧和丰富的信息检索能力，能创造性地对检索结果进行加工处理、运用，能够举一反三、触类旁通。

（8）除汉语外，至少熟练掌握一门外语，在读、写、听、说等方面，达到熟练程度。

（9）具有面向世界的胸怀和开展国际交流与合作的能力。

（10）具有终身学习的本领，能够快速适应科学技术综合化的发展趋势。

3. 保障条件

（1）在人才选拔方面，制定灵活的选拔和淘汰机制。创新型人才培养要更加注重学生的天赋、兴趣等个体因素。创新型人才的培养一定要考虑个人的潜质，在入口和培养过程中不断筛选，以便提高培养人才的效能。不但要看成绩，更要考察学生在科研方面的志趣，挖掘具有学术潜质，真正立志于从事学术职业的人才。对有某方面天赋的人才可以破格录取。

（2）在课程设置方面，优化课程结构、精选课程内容、丰富课程类型。课程体系要兼顾专业课程和通识课程，兼顾理论课程和实践课程，增加选修课，打通专业课程和通识课程的界限。❶ 课程内容要坚持“重构基础，突出现代，反映前沿，交叉综合”的原则，要兼顾知识的深度和广度，兼顾知识的基础性和前沿性。课程内容的配置适合采用“直线式”“渐进性”“逻辑顺序”等方式。

（3）在资源配置方面，加大教育经费投入和基础设备的建设，为学生提供优良的创新实践条件。搭建坚实的学科研究平台，形成国家实验室、国家重点实验室、省部级重点实验室等研究中心和基地。学校的实验设备应该面向全体学生开放，促进高水平科研成果转化为优质的教学资源，为学生开展创新性研究提供强有力的硬件保障。❷

---

❶ 侯加林，等．改革研究生课程体系培养创新型人才［J］．高教论坛，2008（6）．

❷ 顾秉林，等．创新性实践教育——基于高水平学科建设的创新人才培养之路［J］．清华大学教育研究，2010（1）．

（4）在师资队伍方面，高素质的、具有创造性的师资是培养创新型人才的重要保障。教师应该具有极强的创新意识、创新能力和奉献精神。学校要建立引进人才与培养优秀师资的完整体系。改善新聘教师的学缘结构，克服“近亲繁殖”现象。大力引进在国外著名大学攻读学位的博士以及世界级的杰出学者。❶

（5）在教学方法方面，重点采用参与式、开放式、研究型教学方法。教师讲授的逻辑应由“问题—分析—结论”转变到“问题—探究—结论—更多的问题”，教师要引导学生，并与学生一起探究问题。在教学过程中师生之间、学生之间要频繁互动，共同探讨，教师要把自己的学术特长、对学术最新发展的理解迁移给学生，设法使学生感受和内化为自己的学习态度、学习方法以及学术洞察力。

（6）在科研方面，为教师提供良好的科研平台，引导教师把科研成果直接引入教学，促使教师将研究本身转化为教学资源，将研究的优势体现在教学成果之中。保障所有的学生都有参与科研的机会，促使所有学生能参与并承担一定的科研课题，参加国内、国际学术活动，能够撰写并发表一定水平的学术论文。

（7）在政策制度方面，完善组织模式，努力建立有利于学科交叉、融合和汇聚的科研体制，促进科学研究、学科建设与人才培养的有机统一；完善教学评价制度，建立科学的教学质量评价指标体系，把提高学生创新能力作为教师教学效果的重要评价标准，引导教师把教学的重点向开发人的创新潜能倾斜等。

4. 质量评价

培养高质量创新型人才是一个长期的过程，它是着眼于人类、国家、民族和个人的长远利益的。质量评价应以全面提高创新精神为宗旨，以促进学生主体性和创新精神的发展，促进学生创新潜能的发掘，促进学生创新素质的提高为目的。

首先，从评价取向来说，创新型人才的评价应坚持学术性评价标准，

---

❶ 展涛．我国研究型大学创新型人才培养的思考［J］．高等教育研究，2010，32（1）．

坚持精英质量标准观。其次，从评价主体来说，主要是大学的内部评价和社会相关利益主体的评价。重视教授评价、学生自主评价以及同行评价。再次，从评价内容来说，改变传统的知识能力的考核，重视学生创新能力的考核和评估。评价维度应该集中在创新型人才特质与业绩成果两个方面，包括思想素质、创新智力、创新意识、发表论文、专利等。最后，从评价的过程与方式来说，推行以能力为本位的全程式的考核，加重对学生平时学习过程的考核力度，注重把影响人才培养质量的一切因素、整个过程都纳入评价的过程中来。[1]

二、应用型高等教育质量标准概述

1. 质量观

应用型高等教育是在科技发展和高等教育由精英教育向大众化教育转变过程中形成的一种新的教育类型，是相对于理论型教育和实用技术型教育而言的。应用型高等教育以培养知识、能力和素质全面协调发展，面向生产、建设、管理、服务一线的高级应用型人才为目标。[2]

如前文所述，应用型高等教育的质量标准的价值取向是“技术”。

2. 学业质量

应用型人才的培养规格应该是基础扎实、知识面宽、应用能力强，具有较强的创新精神和良好的品德以及较高的综合素质。实践能力、理论转换能力、解决具体问题的能力是应用型人才的突出特征。所以，应用型人才的培养质量在能力、知识、人格等素质内化于人才的逻辑关系上，是能力素质—知识素质—人格素质，应用技术能力是根本，专业理论知识是基础，良好的人格是保障。[3] 具体的质量要求如下。

（1）掌握特定学科领域的基础理论，能够把抽象的理论符号转换成具体的操作构思或产品构型，强调知识的实际运用素质。

（2）具有解决问题的实践动手能力和操作技能，能熟练运用专业知识

---

❶ 董立平．研究型大学的本科质量观研究［J］．中国高教研究，2009（1）．

❷ 史秋衡，王爱萍．应用型本科教育的基本特征［J］．教育发展研究，2008（21）．

❸ 尹宁伟．应用型本科人才培养质量观探究［J］．现代教育科学，2012（4）．

和技能解决工作实际问题。

（3）具有应用创新和模仿创新能力，能够把抽象的理论符号转换成具体的操作构思或产品构型能力。

（4）具有熟练运用计算机开展办公事务管理，进行工程设计、计算分析、试验研究及其他文档、数据等处理工作的能力。

（5）具有较强的信息收集与处理能力，能够迅速检索到相关的信息、资料、数据，并进行整理、分析。

（6）掌握有效的学习方法和技巧，不断接受、更新自己的知识与技能，以更好地适应新的职业要求。

（7）至少熟练掌握一门外语，在读、写、听、说方面，达到一定熟练程度。

（8）具有较强的合作意识和协调能力。

3. 保障条件

（1）课程设置方面，依托学科，面向应用。通过科学设计和优化基础课程，注重专业基本理论知识的系统性、基础性，注重夯实学生的理论基础，以此保证学生具备较宽厚的基础理论知识；加强专业课程，主要进行专业深化和拓宽专业面的教学，提升学生的专业素质，将基础理论与专业理论有机结合，使学生“精专”与“博通”并举；突出实践课程，强调培养学生知识和技术的应用能力，强调培养学生解决实际问题的专业能力。

（2）在实践教学方面，加强专业课的教学内容针对性和实用性，在进行理论教学的同时注重实际技能的培养。紧密依托行业、企业，加强校企联合、合作办学，使其成为学生实践训练的基地，也使其成为科研、技术开发、成果转化的基地。采取多种方案，形成完整的、有效的实践教学体系，突出培养学生的实践能力和应用能力，体现应用性特色。[1]

（3）在师资队伍方面，需要一大批熟悉业务和专业知识的“双师型”教师。他们不仅能传授本专业的基本知识，也熟悉岗位操作，并善于通过恰当的教学法培养应用型人才。要把教师队伍建设放在突出的位置，大力

---

[1] 潘懋元，车如山．略论应用型本科院校的定位［J］．高等教育研究，2009，30（5）．

培养应用型师资队伍。除探索应用型院校的研究生教育、培养合格的“双师型”师资外，还要聘请校外具有丰富实践经验的人员作为兼职教师。❶

（4）在科学研究方面，以应用性开发研究为主，基础性的理论研究为辅。应用型高等教育的科学研究很大程度上是为提高教育教学质量服务的，是围绕着应用型人才的培养展开的。❷ 其目标是直接服务于社会发展需要，而不是对高深学问的追求。通过积极开展高新技术开发研究，注重科研成果的转化，发展高新技术和技术创新来培养大批应用型高级专门人才，为行业建设和社会经济建设服务。

（5）在资源配置方面，要多渠道加大对应用型教育的投入，建议建立中央政府、省级政府和地（市）级政府三级联合投入机制。国家通过国家级项目进行投入，省财政加大人均拨款和项目拨款，地（市）级财政通过政策性扶持，形成各级政府尤其是地（市）级政府加大投入的良性运行机制。教学经费投入充分满足人才培养需要，设立专项经费保障应用型人才培训训练；专门设计面向应用型人才培养的若干项目或专项，如设置专业硕士学位授予点专项、设置重点学科、重点实验室及相关平台建设培育点专项等。

4. 质量评价

应用型高等教育评价其人才质量不能以学术水平的高低为标准，而应以知识、能力和技能是否与社会对应用型人才的要求相适应为标准。❸

（1）评价主体方面，应立足高校，引入社会评价机制，建立由实习单位、用人单位、行业团体、技能鉴定机构共同参与的人才质量社会监控体系，形成一种全方位的质量考核与评价方式。

（2）评价内容方面，应实行知识、能力、技能的综合考核，建立以应用能力为主的质量评价体系。课程设置体系、课程内容体系、实践教学体系和质量评价体系，都应强调知识的应用性，建立起以专业知识为核心的自然知识、社会知识和思维知识相统一的应用型知识体系。突出评价各种

---

❶ 张福全．应用型本科高校的本质特征［J］．合肥学院学报（自然科学版），2010（4）．

❷ 潘懋元，车如山．略论应用型本科院校的定位［J］．高等教育研究，2009，30（5）．

❸ 史秋衡，王爱萍．应用型本科教育的基本特征［J］．教育发展研究，2008（21）．

能力，主要包括综合运用理论和技术的综合能力和解决问题的实践能力。

（3）评价方法方面，既要重视结果性评价，更要重视目标诊断性评价和形成性评价。要采用多种考核方式，如实习报告、调研报告、企业评定、证书置换、口试答辩等配合书面考试，使考试能确实促进教学质量的提高和应用型人才的培养。

三、技能型高等教育质量标准概述

1. *质量观*

技能型高等教育的培养目标是在生产服务第一线工作的人才，这类人才的主要作用是将成熟的技术和管理规范变成现实的生产和服务，在第一线从事管理和运用工作。技能型高等教育强调所培养的学生要满足国家、社会及用人部门的需要，把对外部需求的满足程度作为衡量教育质量的核心标准，把职业知识、职业素质、职业技能和职业精神的传授和培养作为人才培养的中心任务，把所培养的人才对社会发展贡献的程度作为衡量办学成功与否的基本标准。

如前文所述，技能型高等教育的质量标准的价值取向是“技能”，也就是与特定职业岗位相对应的实践操作技能，即岗位技能取向。

2. *学业质量*

技能型人才更侧重于应用能力的培养，强调知识和技能培养的专门性和针对性。技能型人才的基本特征是具有专业基本知识和基本技能的实际应用能力，要求“下得去、留得住、用得上”。技能型人才在能力、知识、人格等素质内化于人才的逻辑关系上，是能力素质—知识素质—人格素质，操作技能是根本，相应理论知识是基础，良好的人格是保障。具体的学业质量要求有以下可供参考。

（1）形成与职业或岗位相对应的较完备的、合理的专业知识结构，掌握基本的职业技能操作方法和操作规范，并达到上岗所要求的熟练程度。

（2）具有高超的动手能力和实践能力。在生产活动中能够综合运用现代科学知识和技巧来解决生产操作中的难题，能够利用心智技能对生产活动中的现代技术和经验技术进行整合。

（3）把握特定职业在职场中的发展趋势和最新动态，自主学习，延伸知识，掌握更先进的技术，灵活应对职场要求的变化。

（4）在工作中不断发现现存事物的缺陷，不断找出新问题，根据工作的需要提出创造性的设想，并能够具体应用在实践工作中。

（5）树立基本的职业意识，有责任心。在工作中善于思考，肯动脑筋，能够掌握最先进的相关职业理念和操作方法。

（6）具备一定的信息意识，一定的信息检索技巧和信息检索能力，能够对检索结果进行加工处理并运用。

（7）能够紧贴企业需要，适应岗位变化需求，具备学习新的知识和技能的能力。

（8）具有良好的职业道德，有一定的组织协调能力和敬业精神。

3. 保障条件

（1）专业设置方面，要坚持以服务为宗旨，把满足社会发展和区域经济建设需求放在首位，形成以专业建设为根本、以技能训练为依托、以就业为导向、以课程建设为核心的专业建设思想。从区域经济建设和劳务市场的需要以及社会、个人的就学愿望出发，针对实际应用型岗位中较高层次的职业岗位或岗位群来设置专业。

（2）在课程设置方面，必须以就业为导向，根据企业要求的职业知识、职业能力和职业素养，与企业共同开发课程。“宽基础、活模块”是一种典型的课程模式，其基本特点是将整个课程结构分为基础和专业两大模块。在“宽基础”阶段，依据“大类招生，通识教育”方法，所设课程内容涉及相关专业所必备的基本知识和技能，着眼于学生的发展后劲。在“活模块”阶段，所设的内容针对某一特定职业所必备的知识和技能，以技能为主，以职业资格为导向组织教学内容，着眼于从业能力的强化，通过“多取证”提高学生的竞争力。

（3）在产学研合作方面，产学研合作教育是技能型高等教育培养人才最有效、最基本的途径。校企双向参与，共同构建产学结合的育人模式。产学合作教育的形式多种多样，如与企业共同开发新专业、共建实训实习基地、参与教学改革、选聘和培养师资、结合技术项目共同开展应用研究和成果转化等。[1]

（4）在师资队伍方面，技能型高等教育的特殊性决定了其从教人员的独特性。要有一支满足教学需要的专兼结合的高素质的“双师型”师资队伍，要有专业带头人和骨干教师，要搞好梯队建设，教师队伍的年龄、学历、职称等结构要合理，要有与专业发展相适应的以能工巧匠和高级技术人员为主的兼职教师队伍。“双师型”教师队伍建设，应当从调整高职教师的职业序列设置、资格认定标准、岗位设置管理、专业水平评定标准及以兼职教师为主体专业教师的管理模式等方面进行。[2]

（5）在教学方法方面，多采用虚拟教学、情境模拟、案例教学等。借助多媒体、网络等教学设施设备进行虚拟教学，加强仿真性；通过情境设置、情境分析、仿真表演、评委会评议、教学评价总结等步骤进行情境模拟，以达到互动创新、全真模拟的实训效果；通过对真实案例的分析，切入案例的角色，找出问题，分析问题，解决问题等。

（6）在资源配置方面，技能型人才培养最为突出的特点就是其强烈的实践性。要将此落实，必须要有相应的条件和设备，包括教学设施、实验设备、实训基地、图书与信息资源、办公与生活设施、校园环境与氛围、经费投入等。是否拥有技能训练所必需的条件与设备，是培养技能型人才质量的重要标志。

4. 质量评价

技能型高等教育应该以就业为导向建立评价体系，充分体现以就业为导向的评价思路，并把毕业生的就业率作为评价结果的主要依据。

（1）从评价主体来说，要实现主体的多元化，即由以政府评估为主的单一评价主体向以政府、毕业生、顶岗实习单位和毕业生就业单位评价的多元评价主体转变。从根本上讲，技能型高等教育质量的好坏最终应由社会及用人单位来评价。

（2）从评价内容来说，重点考察学生的实践能力、沟通能力、团队合

---

[1] 闫飞龙. 高职教育人才培养质量标准探析［J］. 广州职业教育论坛，2012（2）.

[2] 田建荣. 高等职业技术教育的基本特征［J］. 中国地质大学学报（社会科学版），2004（2）.

作精神、职业发展能力和创新能力等在内的综合职业能力。从外部来看，就业率、就业质量、企业满意度等应该作为衡量技能型人才培养质量的核心指标。

（3）从评价方式上来说，必须打破闭卷笔试在学业评价中占主导地位的现状，实施灵活多样的学业评价方式，如实践课程考核、开卷、口试、小论文、调查报告等考核方式。注重过程性考核与终结性评价，定量评价与定性评价相结合等，全面检测学生的知识掌握程度与实际应用能力。[1]

---

[1] 董刚，杨理连．高职教育高素质技术技能型人才培养质量研究［J］．中国高教研究，2010（9）．

第八章　结论

一、研究结论

（1）对高等教育、高等教育质量以及高等教育质量标准等基本概念做了相对深入的分析和解释。

首先，本书认为，高等教育是建立在完全中等教育基础之上的培养高层次专门人才的社会实践活动；高等教育的培养对象主要为完成中等教育的青年人；高等教育由机构、内容、活动和结果四要素组成；高等教育的性质是学术性、职业性与人文性的结合。

其次，本书认为，高等教育质量是高等教育机构在遵循自身发展规律的前提下，所培养的人才规格满足个体和社会需求的程度，是“目标实现”与“需求满足”的统一。其本质是人才培养质量。高等教育质量在层次上包括宏观高等教育质量、中观高等教育质量和微观高等教育质量。高等教育质量的性质是客观性与主观性、统一性与多样性、学术性与实践性、发展性与滞后性的统一。

最后，本书认为，高等教育质量标准就是为了确保高等教育符合既定的需要，由公认机构批准，用来判定、衡量高等教育质量优劣的规范性文件。高等教育质量标准是判断高等教育质量的基本依据与参照，是对高等教育某些领域或整体进行价值判断的基准线。高等教育质量标准的特点是稳定性与发展性的统一、预设性与外在性的统一、一元性与多元性的统一。高等教育质量标准要解决的核心问题是“高等教育要培养什么样的人以及怎样培养”。

（2）对世界高等教育教育质量评价方式和标准进行了比较和分析，得出了主要类型和发展趋势。

首先，目前世界高等教育质量标准主要有四种类型：基于条件的标准、基于绩效的标准、基于资历框架的标准和基于学生学业的标准。

其次，世界高等教育质量标准的发展趋势为：标准的制定主体由单一到多样，标准的价值取向由合格到价值增值，标准的内容由教育“投入”到“产出”，标准方法由量化到质化，标准的功能由鉴定到促进发展。

最后，通过对国际高等教育质量标准的分析，得出对我国高等教育质量标准的启示。在标准定位方面，应该充分体现我国高等教育的理念和现阶段总体教育目标。质量的核心标准应该是社会和个体对于学生能力的期望；在标准制定主体方面，应该充分考虑高等教育利益相关者的观点；在框架方面，应该注重结果、兼顾过程等。

（3）提出了构建我国高等教育质量标准的理论依据、价值取向、质量观、指导思想、制定主体、组织架构、制定原则、制定路径和方法。

首先，提出了构建标准的理论依据：高等教育利益相关者理论、人才结构类型理论、高等教育分类理论、全面质量管理理论和学生参与理论，分别对应标准的制定主体、框架设计、维度选择以及标准的选定等。

其次，提出了标准的三种价值取向：学术性、职业性和人文性。

最后，提出了多元利益主体参与研发模式，以教育行政部门为主导、学术研究为支撑、课题研究为平台的研制机制，形成行政、科研、高校协力攻关的工作体系。同时提出权威性、规范性、统一性与多样性相结合、国际性与本土性相结合等制定原则；以定性为主，定量为辅的制定方法。

（4）提出了我国高等教育质量标准的框架结构，提出了构建质量标准的理论依据、价值取向、质量观、指导思想、制定主体、组织架构、制定原则、制定路径和方法；以高等教育人才培养为逻辑起点，以高等教育分类为前提，以满足个体和社会的需求为根本；基于人才培养目标的不同，高等教育质量标准分为创新型高等教育质量标准、应用型高等教育质量标准和技能型高等教育质量标准；基于 CIPP 模式和人才培养全过程，高等教育质量标准的维度分为培养目标、教学过程、保障条件和结果评价；通过对标准、维度和关键要素的分析，提出了我国高等教育质量标准的总体框架。

（5）简单分析了三类高等教育各自在学业质量、质量保障以及质量评价方面的要求和准则。

二、研究创新点

（1）从研究对象来说，国内系统论述高等教育质量标准的专著特别少。然而，高等教育质量标准的确是一个非常重要而且极其困难的理论和实践问题。笔者能够对这一领域进行挑战，在某种程度上能相对深入系统地分析，并能有所发现和推进，具有一定意义。

（2）从研究结论上说，比较突出的地方是提出了新的高等教育分类形式、高等教育质量标准的构建理论基础、框架设计、维度选择和两种类型的标准形式。

首先，高等教育和高等教育机构分类是高等教育大众化阶段出现的比较复杂的问题。高等教育质量标准建立之所以困难重重，很大原因就是高等教育机构错综复杂，而且目前我国也没有形成科学合理的分类。本书从高等教育的使命和任务出发，根据高等教育的培养目标不同，把高等教育分为三种类型：创新型高等教育、应用型高等教育和技能型高等教育。高等教育的培养目标不同、类型不同，相应的质量标准必然有所差异。这样的分类抓住了教育的本质，并且在某种程度上有利于明确高等教育机构的定位，避免盲目攀比和升格。高等教育机构可以根据自身特点和社会经济的需求，确定自己的办学定位和人才培养规格，力争在相应的高等教育类型里面做到最优。

其次，提出了构建高等教育质量标准的理论依据。高等教育质量标准在某种程度上是一种主观的价值判断，目前并没有公认的理论可以直接应用。本书根据我国高等教育质量标准的制定目的和需求，提出了高等教育利益相关者理论来确定标准制定的主体和组织架构，以人才结构类型理论和高等教育分类理论为依据制定高等教育质量分类理论，以全面质量管理理论和学生参与理论来确定标准的框架和维度等。

最后，提出了高等教育质量的四个维度：培养目标、培养过程、保障条件和结果评价。标准的设计，突出了以学生发展为中心、多元利益主体诉求、价值增值和市场检验的思想。对学生在知识和技能等方面的要求、学生对学业的满意度、用人单位对毕业生的满意度都给予了足够的重视。这是高等教育质量标准的核心，也是世界高等教育质量标准的发展趋势。

三、研究不足与展望

（1）在研究结论方面，存在很多不足。在高等教育的分类和框架维度的选择方面，学界也存在不同的观点和意见。最后分类标准的概述还非常粗糙和浅薄，彼此的区分并不明显。

（2）在研究方法方面，缺少一定的量化研究。本书主要是采用了文献分析、比较研究和理论推导等方法，在以后的研究中，将采用问卷调查法、层次分析法、词频分析法等定量、混合式研究方法，使研究结论更加准确、深入和科学。

参考文献

一、中文文献

（一）期刊论文

[1] 潘懋元．高等教育大众化的教育质量观［J］．清华大学教育研究，2000（1）．

[2] 潘懋元．中国高等教育的定位、特色和质量［J］．中国大学教学，2005（12）．

[3] 潘懋元，陈厚丰．高等教育分类的方法论问题［J］．高等教育研究，2006（3）．

[4] 潘懋元，车如山．略论应用型本科院校的定位［J］．高等教育研究，2009，30（5）．

[5] 邬大光．高等教育质量意识的涵义与价值——基于《质量报告》的视角［J］．高等教育研究，2012（2）．

[6] 赵婷婷，等．大学排行及其指标体系研究［J］．中国大学教学，2007（2）．

[7] 赵婷婷．从精英到大众高等教育质量观的转变［J］．江苏高教，2002（1）．

[8] 赵婷婷．高等教育质量评价标准与《质量报告》［J］．高等教育研究，2012（2）．

[9] 赵婷婷．工程教育专业认证标准的特点［J］．大学·研究与评价，2008（1）．

[10] 赵婷婷，张彦通．高等教育评价模式的理论探讨［J］．高等教育研究，2008（1）．

[11] 赵婷婷，董雪梅．高等教育规模的扩展对传统质量观的冲击——北京个案：问卷调查及分析［J］．现代大学教育，2002（5）．

[12] 肖萍．高等教育质量管理引入 ISO 9000 标准的冷思考［J］．江苏高教，2008（11）．

[13] 高宝立．高等教育质量标准与评价［J］．大学（学术版），2010（5）．

[14] 王春春．高等教育质量标准与评价［J］．大学（学术版），2010（5）．

[15] 谢维和．中国高等教育质量中的结构问题［J］．高教探索，2008（6）．

[16] 傅宝英．高等教育质量标准的价值取向与维度分析［J］．现代教育科学，2005（01）．

[17] 董泽芳，陈文娇．论我国高等教育质量标准的多样性与统一性［J］．高等教育研究，2010（1）．

[18] 柏昌利，周燕来．大众化背景下高等教育质量标准体系［J］．长安大学学报，2010（1）．

[19] 周泉兴．高等教育质量标准：特征、价值取向及结构体系［J］．江苏高教，2004（3）．

[20] 肖化移．试论高等教育分类及其质量标准的划界［J］．高等教育研究，2005（8）．

[21] 周倩．专业标准：从萌芽走向成熟［J］．现代大学教育，2008（6）．

[22] 李志义等．普通高校本科专业评估指标体系探讨［J］．高等工程教育研究，2007（3）．

[23] 李志义．重构我国高等教育质量标准体系［J］．中国大学教学，2013（1）．

[24] 赵伶俐．以人才质量为核心统摄教育质量——兼论“六维四级”人才质量标准与监测［J］．人民教育，2012（10）．

[25] 于慧，黄崴．关于我国高校本科专业设置质量内涵与标准的理论探讨［J］．中国高教研究，2011（2）．

[26] 丁丽军．高等教育质量与标准：变革与完善——澳大利亚大学质量署 2008 论坛概述［J］．高教发展与评估，2009（3）．

[27] 林永柏．关于高等教育质量概念的界定［J］．教育科学，2007（6）．

[28] 安东尼奥，迪亚斯．高等教育：下一世纪的幻想与行动［J］．教育展望（中文版），1999（3）．

[29] 蒋达勇．高等教育质量：一场语意含混的争论［J］．现代教育论丛，2008（11）．

[30] 楚江亭，郭德侠．关于建立我国教育标准的思考——兼论 UNESCO《国际教育标准分类法》的主要内容［J］．教育理论与实践，2002（10）．

[31] 李福杰．高等教育本质研究述评［J］．南阳师范学院学报（社会科学版），2005（1）．

[32] 张治平．教育本质新探——兼论人的本质与教育的关系［J］．西南师范大学学报（哲学社会科学版），1997（10）．

[33] 王建华．什么是高等教育［J］．高等教育研究，2012（9）．

[34] 文辅相．论高等教育的基本性质［J］．北京大学教育评论，2007（2）．

[35] 石中英．人文世界、人文知识与人文教育［J］．教育研究与实践，2006（1）．

[36] 赵中建．高等教育全面质量管理的概念框架［J］．外国教育资料，1997（5）．

[37] 孙金玉．高等教育质量相关概念的阐释及质量保证［J］．经济与社会发展，2007（1）．

[38] 韩骅．欧洲高教界对高等教育质量本质的探析［J］．上海高教研究，1997（1）．

[39] 黄蓉生．关于高等教育质量基本问题的思考［J］．中国高教研究，2012（4）．

[40] 曲铁华．朱永坤．高等教育质量观探析［J］．现代教育科学，2004（6）．

[41] 李福华．高等教育质量：内涵、属性和评价［J］．现代大学教育，2003（3）．

[42] 余小波．高等教育质量概念：内涵与外延［J］．高教发展与评估，2005（11）．

[43] 李志仁．我国应建立高等教育质量保障体系［J］．高教探索，2001（2）．

[44] 罗丹．中西方高等教育质量观比较［J］．大学教育科学，2007（3）．

[45] 李国强．刘玉静．认同、冲突与融合：等教育质量观的哲学反思［J］．高等教育研究，2009（5）．

[46] 闫广芬，秦安安．近十年来中国高等教育质量观研究述评［J］．高校教育管理，2009（1）．

[47] 张应强．高等教育质量观与高等教育大众化进程［J］．江苏高教，2001（5）．

[48] 张安富，等．高等教育质量与水平及相关概念辨析［J］．高等教育研究，2009（11）．

[49] 蔡宗模，陈韫春．高等教育质量：概念内涵与质量标准［J］．清华大学教育研究，2012（3）．

[50] 蔡克勇．大众化的质量观：多样性和统一性结合［J］．高等教育研究，2001（4）．

[51] 姜煜林．基于 ISO 9000 标准的高等教育教学质量概念探讨［J］．扬州大学学报（高教研究版），2008（4）．

[52] 闫飞龙．高等教育评价标准的本质问题与多元化［J］．清华大学教育研究，2011（5）．

[53] 饶燕婷．利益相关者视野中高等教育质量保障多元主体探析［J］．大学·研究与评价，2009（7－8）．

[54] 柏昌利，周燕来．大众化背景下高等教育质量标准体系［J］．长安大学学报

（社会科学版），2010（1）.
[55] 杨院，史秋衡．高等院校认证标准的辨析——以美国院校认证标准为例［J］．高校教育管理，2007（4）.
[56] 熊耕．试析美国高等院校认证标准演变的逻辑——以中北部大学与中学协会的认证标准为例［J］．比较教育研究，2004（7）.
[57] 贺长中，等．美国新英格兰高等院校认证标准［J］．世界教育信息，2003（9）.
[58] 骆健，等．美国工程教育专业认证现状及启示［J］．中国电力教育，2012（28）.
[59] 罗斯，等．清华大学和美国大学在学习过程指标上的比较：一种高等教育质量观［J］．清华大学教育研究，2008（2）.
[60] 罗晓燕，陈洁瑜．学生学习为中心的高等教育质量评估——美国 NSSE“全国学生学习投入调查”解析［J］．比较教育研究，2007（10）.
[61] 程欣．高校质量评估的新范式——美国 NSSE2011 年报告解析［J］．中国大学教学，2012（9）.
[62] 杨雅文，刘振天．俄罗斯高等教育改革与发展的特点［J］．上海高教研究，1998（5）.
[63] 王云儿．美国高等教育认证制度发展新趋势探析与启示［J］．中国高教研究，2011（2）.
[64] 高潇怡，张永军．试析美国高等教育认证机构的院校认证标准［J］．外国教育研究，2009（3）.
[65] 董建红．联合国教科文组织教育质量框架探析［J］．教育发展研究，2007（11A）.
[66] 胡玲．教育质量：内涵、评估及改进策略——联合国教科文组织对提高教育质量的关注［J］．大学（研究与评价），2008（11）.
[67] 高光，张民选．经济合作与发展组织的三大国际教育测试研究［J］．比较教育研究，2011（10）.
[68] 辛涛，姜宇．在国际视域下定义教育质量标准［J］．人民教育 2012，12（2）.
[69] 刘尧，刘岩．我国高等教育发展的现状、问题与趋势［J］．教育与现代化，2009（1）.
[70] 王根顺，李红英．我国高等教育层次结构的现状、问题及对策［J］．黑龙江高教研究，2006（1）.
[71] 文雯，等．中国高等教育大众化初期学科结构变化的主要特点与实证分析［J］.

中国高教研究，2007（03）.
[72] 张向前，等. 当前我国高等教育存在的主要问题及对策研究［J］. 内蒙古师范大学学报（教育科学版），2006（9）.
[73] 白春燕. 对我国高等教育发展现状的分析与思考［J］. 黑龙江教育学院学报，2009（5）.
[74] 姜正国，盛正发. 论高等教育系统的可持续发展［J］. 湖南科技大学学报（社会科学版），2010（6）.
[75] 王新清，侯书栋. 我国大众化高等教育的发展：问题与对策［J］. 中国人民大学学报，2007（6）.
[76] 张毅，等. 构建适应经济社会发展要求的高等教育人才培养体系［J］. 经济研究导刊，2011（4）.
[77] 马云泽，吴昊坤. 产业结构调整、高等教育改革与大学生就业［J］. 河南师范大学学报（哲学社会科学版），2011（2）.
[78] 王艳娟. 浅议我国产业结构与就业的关系［J］. 统计与咨询，2011（2）.
[79] 李彬. 产业结构的调整与人才需求及其培养模式［J］. 高等工程教育研究，2006（5）.
[80] 邸鸿勋. 人才需求分析与职业教育发展战略探讨［J］. 职业技术教育，2002（7）.
[81] 畅肇沁. 大学生学习特点探究［J］. 山西师大学报（社会科学版），2010（5）.
[82] 王岩松，王宏哲. 当代大学生学习特点浅析［J］. 长春理工大学学报（高教版），2008（3）.
[83] 万志勇，迟宏伟. 关于大学生学习特点的几点思考［J］. 现代教育科学，2006（S2）.
[84] 史秋衡，郭建鹏. 我国大学生学情状态与影响机制的实证分析［J］. 教育研究，2012（2）.
[85] 史秋衡，王爱萍. 应用型本科教育的基本特征［J］. 教育发展研究，2008（21）.
[86] 丁雪辰. 关于高等教育质量标准的价值取向分析［J］. 黑龙江高教研究，2006（7）.
[87] 郭垒. 当前我国高等教育质量观综述［J］. 国家教育行政学院学报，2008（8）.
[88] 李秀娟. "两平台、三层次"创业型人才培养模式研究［J］. 黑龙江高教研究，2007（11）.

［89］郭荣祥，陈炜．学生维度高等教育质量的价值取向与实现［J］．理论月刊，2011（10）．
［90］尉健慧．西方国家学士学位标准及其启示［J］．中国高教研究，2009（5）．
［91］刘振天．我国新一轮高校本科教学评估总体设计与制度创新［J］．高等教育研究，2012（3）．
［92］于海臣．我国本科教学质量评价政策的价值取向分析［J］．现代教育科学，2011（4）．
［93］夏伟东．解读《公民道德建设实施纲要》［J］．伦理学研究，2002（1）．
［94］黄荣霞．我国高等教育质量保障政策60年演变（1949—2009年）——基于历史制度主义分析视角［J］．现代大学教育，2010（6）．
［95］陈家长，郭辉．“育人为本”高等教育价值的理性回归［J］．社科纵横，2012（5）．
［96］洪彩真．学生：高等教育之核心利益相关者［J］．黑龙江高教研究，2006（12）．
［97］张燚，等．高校利益相关者理论的研究现状及趋势［J］．高教发展与评估，2009（11）．
［98］胡子祥．高校利益相关者治理模式初探［J］．西南交通大学学报（社会科学版），2007（1）．
［99］严雪怡．试论人才分类的若干问题［J］．职教通讯，2000（8）．
［100］严加红．对高等学校人才培养目标的分类与思考［J］．西北大学学报（哲学社会科学版），2003，33（1）．
［101］周泉兴．高等教育质量标准：特征、价值取向及结构体系［J］．江苏高教，2004（3）．
［102］课题组．自动化学科专业培养目标分类及其定位研究［J］．中国大学教学，2005（13）．
［103］肖兴安，陈敏．我国本科教学评估政策的历史演变［J］．国家教育行政学院学报，2009（6）．
［104］卢晓中，刘志文．我国高等教育质量政策的特点及走向［J］．教育发展研究，2008（7）．
［105］贾海基，傅勇．高等教育质量观与大众化高等教育质量保障体系的建立［J］．评价与管理，2006（4）．
［106］沈云交．质量理论体系的一个模式——费根堡姆全面质量理论研究［J］．世界

标准化与质量管理，2007（9）.
[107] 林健．高等学校人才培养全面质量管理探析［J］．高等教育研究，2001（6）.
[108] 李嘉曾．“以学生为中心”教育理念的理论意义与实践启示［J］．中国大学教学，2008（4）.
[109] 刘玉祥，于长学．美国大学教育的七大原则与教学评估［J］．世界教育信息，2006（11）.
[110] 王伟廉．21 世纪初中国高等教育质量问题解析［J］．新华文摘，2001（1）.
[111] 李志仁．我国应建立高等教育质量保障体系［J］．高教探索，2001（2）.
[112] 吴剑平．论科学发展观指导下的高等教育质量观［J］．清华大学教育研究，2011，32（2）.
[113] 汤晓蒙．科学质量观：高等教育质量的核心理念［J］．大学（学术版），2010（9）.
[114] 胡弼成．高等教育质量观的演进［J］．教育研究，2006（11）.
[115] 马晓强．政策视野中的教育质量标准［J］．中国教育政策评论，2010（1）.
[116] 沈玉顺．高校本科教学工作水平评估的反思与改进［J］．教育发展研究，2006（19）.
[117] 杨润勇．关于构建教育质量国家标准的政策分析与建议［J］．教育理论与实践，2011（10）.
[118] 中国教育科学研究院国际比较教育研究中心．时代的选择：建立教育质量国家标准［J］．人民教育，2012（11）.
[119] 陈玉祥．从标准的内涵看我国本科教学质量标准的建立［J］．中国高教研究，2007（7）.
[120] 林永柏．试论制定高等教育质量标准应遵循的基本原则［J］．现代教育科学，2010（5）.
[121] 王宪平．高等教育质量统一性与多样性的辩证关系分析［J］．理工高教研究，2004（3）.
[122] 朱祖平．高等教育使命及其质量标准探索［J］．福州大学学报（哲学社会科学版），2004（2）.
[123] 杨向东．基础教育学业质量标准的研制［J］．全球教育展望，2012（5）.
[124] 董泽芳．博士生创新能力的提高与培养模式改革［J］．高等教育研究，2009（5）.

[125] 辛涛，黄宁．高校复合型人才的评价框架与特点［J］．清华大学教育研究，2008，29（3）．

[126] 侯加林，等．改革研究生课程体系培养创新型人才［J］．高教论坛，2008（6）．

[127] 顾秉林，等．创新性实践教育——基于高水平学科建设的创新人才培养之路［J］．清华大学教育研究，2010（1）．

[128] 董立平．研究型大学的本科质量观研究［J］．中国高教研究，2009（1）．

[129] 谢那塞宁可，哈林．高等职业教育培养方向目录：第三代国家教育标准的组成部分［J］．李艳辉，译．俄罗斯高等教育，2007（3）．

[130] 魏斌．复合型人才培养模式下的高校复合型教师素质特征［J］．商业经济，2012（3）．

[131] 辛涛，黄宁．高校复合型人才的评价框架与特点［J］．清华大学教育研究，2008（3）．

[132] 尹宁伟．应用型本科人才培养质量观探究［J］．现代教育科学，2012（4）．

[133] 田建荣．高等职业技术教育的基本特征［J］．中国地质大学学报（社会科学版），2004（2）．

[134] 郭扬．高职院校评估如何从“水平评估”转向“工作评估”［J］．中国高教研究，2008（6）．

（二）专著

[1] 陈玉琨，等．高等教育质量保障体系概论［M］．北京：北京师范大学出版社，2004.

[2] 布鲁贝克．高等教育哲学［M］．王承绪，等译．杭州：浙江教育出版社，1987.

[3] 瞿葆奎，陈玉琨，赵永年．教育评价［M］．北京：人民教育出版社，1989.

[4] 何兆华．教育评估研究［M］．西安：三秦出版社，2009.

[5] 陈庆云．公共政策分析［M］．北京：北京大学出版社，2006.

[6] 房剑森．高等教育发展论［M］．桂林：广西师范大学出版社，2001.

[7] 范德格拉夫，等．学术权力——七国高等教育管理体制比较［M］．杭州：浙江教育出版社，2001.

[8] 萨利．全面质量教育［M］．何瑞薇，译．上海：华东师范大学出版社，2005.

[9] 范富格特．国际高等教育政策比较研究［M］．王承绪，等译．杭州：浙江教育出版社，2001.

[10] 布伦南，沙赫．高等教育质量管理——一个关于高等院校评估和改革的国际性观

点［M］. 上海：华东师范大学出版社，2005.
［11］范文曜，马陆亭 . 国际视角下的高等教育质量评估与财政拨款［M］. 北京：教育科学出版社，2004.
［12］韩映雄 . 高等教育质量研究——基于利益关系人的分析［M］. 上海：上海科技教育出版社，2003.
［13］克拉克 . 高等教育系统——学术组织的跨国研究［M］. 王承绪，等译 . 杭州：杭州大学出版社，1994.
［14］莫利 . 高等教育的质量和权力［M］. 罗慧芳，译 . 北京：北京大学出版社，2008.
［15］张彦通，等 . 欧洲地区高等教育质量保障体系研究［M］. 北京：北京航空航天大学出版社，2007.
［16］郑晓齐，等 . 亚太地区欧洲地区高等教育质量保障体系研究［M］. 北京：北京航空航天大学出版社，2007.
［17］雷庆，等 . 北美地区高等教育质量保障体系研究［M］. 北京：北京航空航天大学出版社，2008.
［18］史秋衡，等 . 高等教育评估［M］. 贵阳：贵州教育出版社，2004.
［19］联合国教科文组织 . 教育——财富蕴藏其中［M］. 北京：教育科学出版社，1996
［20］王传宏，等 . 公共政策行为［M］. 北京：中国国际广播出版社，2002.
［21］潘懋元，王伟廉 . 高等教育学［M］. 福州：福建教育出版社，1995.
［22］袁振国 . 中国教育政策评论［M］. 北京：中国教育科学出版社，2010.
［23］王亚杰 . 质量致胜——学位质量集成创新的思考与实践［M］. 杭州：浙江大学出版社，2005.
［24］马洪，孙尚清 . 现代管理百科全书［M］. 北京：中国发展出版社，1991.
［25］涂尔干，莫斯 . 原始分类［M］. 上海：上海人民出版社，2005.
［26］吕鑫祥 . 高等职业技术教育研究［M］. 上海：上海教育出版社，1998.
［27］罗国英，马林 . 全面质量管理基本知识［M］. 北京：中国经济出版社，2003.
［28］王承绪，徐辉 . 发展战略：经费、教学科研、质量［M］. 杭州：杭州大学出版社，1993.
［29］吴钢 . 现代教育评价教程［M］. 北京：北京大学出版社，2008.
［30］朱小蔓，李铁君 . 当代俄罗斯教育理论思潮［M］. 北京：教育科学出版

社，2009.
[31] 克劳斯比．零缺点质量管理［M］．陈怡芬，译．北京：生活·读书·新知三联书店，1996.
[32] 肖甦，王义高．俄罗斯转型时期重要教育法规文献汇编［M］．北京：人民教育出版社，2009.
[33] 教育大辞典编纂委员会．教育大辞典（第一卷）［M］．上海：上海教育出版社，1990.

（三）硕博学位论文

[1] 李华萍．高等教育普及化及质量标准研究［D］．上海：华东师范大学，2006.
[2] 韩映雄．高等教育质量精细分析［D］．上海：华东师范大学，2003.
[3] 吴雪．我国高等教育专业评估体制研究［D］．厦门：厦门大学，2007.
[4] 肖化移．高等职业教育质量标准研究［D］．上海：华东师范大学，2004.
[5] 曹梅娟．高等护理教育研究质量标准构建的理念和策略研究［D］．上海：第二军医大学，2007.
[6] 魏军．改革开放30年我国高等教育质量政策的内容分析［D］．兰州：西北师范大学，2009.
[7] 乐毅．学校评估研究——以美国国家质量奖《绩效优异教育标准》为比较例证［D］．上海：华东师范大学，2005.
[8] 胡芳．我国教学研究型大学本科教育质量研究［D］．重庆：重庆师范大学，2008.
[9] 李少华．基于利益相关者分析的高等教育评估制度设计研究［D］．北京：北京航空航天大学，2011.
[10] 史娜．教育质量标准探析［D］．西安：陕西师范大学，2008.
[11] 金莉．高等教育质量评估指标体系研究［D］．重庆：西南大学，2011.
[12] 李超．俄罗斯高等职业教育国家教育标准演变研究［D］．哈尔滨：哈尔滨工业大学，2011.
[13] 孙晓新．美国高等教育专业认证制度探析［D］．长春：东北师范大学，2010.
[14] 胡赛凤．美国高等教育专业认证制度探析［D］．武汉：中南民族大学，2009.
[15] 董添华．高等教育质量标准的特性研究［D］．兰州：西北师范大学，2010.
[16] 韩菊花．美国“全国大学生学习投入性调查”评价项目研究［D］．北京：首都师范大学，2008.

[17] 岳小力．基于学生参与经验问卷调查的高等教育评价新途径——美国 NSSE 的理论和实践［D］．上海：复旦大学，2009.
[18] 王嫄．俄罗斯高等职业教育国家教育标准研究［D］．哈尔滨：哈尔滨工业大学，2008.
[19] 郑海霞．高等教育质量观：多样化人才培养模式构建研究［D］．汕头：汕头大学，2009.
[20] 李媛．基于大学生学习状况的高校教学改革研究［D］．开封：河南大学，2012.
[21] 孟凡．利益相关者视角下的大学学生评教制度研究［D］．武汉：华中科技大学，2010.
[22] 卢山冰．21 世纪西方利益相关者理论研究［D］．厦门：厦门大学，2007.
[23] 李元静．全面质量管理理念在高校教学管理中的应用［D］．成都：西南交通大学，2003.
[24] 王兴华．本科层次复合型人才培养模式及途径探讨［D］．天津：天津大学，2003.

（四）其他

[1] 联合国教科文组织．21 世纪的高等教育：展望和行动世界宣言［R］．（1998-10-09）［2015-07-01］．http：//wenku. baidu. com/view/66755b0702020740be1e9b58. html.
[2] 联合国教科文组织．全民教育：提高质量势在必行——2005 年全民教育全球监测报告［R］．北京：中国对外翻译出版公司，2005.
[3] 联合国教科文组织．社会变革与高等教育发展新动力——2009 年世界高等教育大会公报［EB/OL］．（2009-07-05）［2018-08-01］．http：//wenku. baidu. com/view/66755b0702020740be1e9b58. html.
[4] 李希贵．制定教育标准，坚持“学生第一”［N］．人民日报，2012-11-16（17）.
[5] 刘振天．大学，质量怎么量［N］．光明日报，2011-09-19（16）
[6] 陈威．高等教育质量概念的理论研究［J］．石油高等教育，2000（2）.
[7] 教育部高教司．关于继续试点部分高等学校编制发布《本科教学质量报告》的通知［EB/OL］．（2014-03-13）［2019-08-01］．http：//wenku. baidu. com/view/32a6e1cbda38376baf1faec8. html.

二、英文文献

（一）期刊

[1] HARVEY L, GREEN D. Defining quality [J]. Assessment and evaluation in higher education, 1993, 18 (1).

[2] KUH G D. Assessing what really matters to student learning [J]. Change, 2001, 33 (3).

[3] EWELL P T. Linking performance measures to resource allocation: Exploring unmapped terrain [J]. Quality in higher education, 1999, 5 (3).

[4] AYCRS T. Stakeholders as partners in evaluation: a stakeholder – collaborative approach [J]. Evaluation and program planning, 1987 (1).

[5] HINETT K, KNIGHT P. Quality and assessment [J]. Quality assurance in education, 1996, 4 (3).

[6] ROMADHANI A. Investigating relationships among quality dimensions in higher education [J]. Quality assurance in education, 2012, 20 (4).

[7] LAGROSEN S, et al. Examination of the dimensions of quality in higher education [J]. Quality assurance in education: an international perspective, 2004, 12 (2).

[8] BRUGGEN V, et al. To be continued…synthese and trends in follow – up of quality assurance in west European higher education [J]. European journal for education law and policy, 1998, 2 (2).

[9] COATES H. Defining and monitoring academic standards in Australian higher education [J]. Higher education management and policy, 2010, 22 (1).

[10] MARTENSEN A. Quality in higher education: linking graduates' competencies and employers' needs [J]. International journal of quality and service sciences, 2009, 1 (1).

[11] TAM M. Measuring the effect of higher education on university students [J]. Quality assurance in education: an international perspective, 2002, 10 (4).

[12] BOLOTOV V A, EFREMOVA N F. The system for evaluating the quality of Russian education [J]. Russian education and society, 2007, 49 (1).

[13] CHUCHALIN A, BOEV O, KRIUSHOVA A. The Russian system of higher education in view of the Bologna Process [J]. International journal of electrical engineering edu-

cation, 2007, 44 (2).

[14] РОЗИНА Н. О разработке нового поколения государственных образовательных стандартов [J]. Высшееобразование в России, 2007 (3).

[16] SCHWARTZA B, MAYNE J. Assuring the quality of evaluative information: theory and practice [J]. Evaluation and program planning, 2005 (28).

[17] BONNET G. Evaluation of education the European Union: policy and methodology [J]. Assessment in education, 2004, 11 (2).

[18] FARRINGTON D. Methodological quality standards for evaluation research [J]. The annals of the American academy, 2003 (5).

(二) 专著

[1] HARVEY L, KNIGHT P. Transforming higher education [M]. Buckingham: Open University Press and Society for Research into Higher Education, 1996.

[2] RALPH A. Accreditation and accountability: can reforms match increasing demands [M] //BURKE J C. Achieving accountability in higher education. San Francisco: Jossey Bass, 2004.

[3] BOYER P. College rankings exposed : getting beyond the rankings myth to find your perfect college [M]. Lawrenceville, NJ: Peterson´s, 2003.

[4] BARNETT R. Improving higher education: total quality care [M]. Maidenhead: SRHE & Open University Press, 1992.

[5] VEDDER P. Measuring the quality of education [M]. Amsterdam: Sets & Zeitli - ger, 1992.

[6] FREEMAN R E. Strategic management: a stakeholder approach [M]. Boston: Pitman, 1984 .

[7] National Institute of Standards and Technology. Baldrige national quality program 2011 - 2012: education criteria for performance excellence [M]. Gaithersburg, MD: NIST, 2012.

[8] BLAZEY M L, DAVISON K S, EVANS J P. Insights to performance excellence in education 2001: an inside look at the 2001 Baldrige Award criteria for education Milwaukee [M]. Wisconsin: ASQ Quality Press, 2002.

[9] GONZALES J, WAGENAAR R. Tuning educational structures in Europe: reference point for the design and delivery of degree programmes in business [M]. Bilbao: Uni-

versidad de Deusto, 2008.

[10] BURTON C, NEAVE G. The encyclopedia of higher education vol. 2: analytical perspectives [M]. Oxford: Pergam on Press, 1992.

（三）报告

[1] CHEA. Recognized accrediting organizations [R]. Washington D. C.: Council for Higher Education Accreditation, 2008.

[2] The NSSE 2002 report: from promise to progress – how colleges and universities are using student engagement results to improve collegiate quality [R]. National Survey of Student Engagement, Indiana University Center for Post – secondary Research and Planning, 2002.

[3] GRIGAL M. Think college standards quality indicators and benchmarks for inclusive higher education [R]. Boston: University of Massachusetts Boston, Institute for Community Inclusion, 2011.

[4] KOUPTSOV O, TATUR Y. Quality assurance in higher education in the Russian Federation [R]. UNESCO, 2001.

[5] PIGOZZI M J. Quality education: an evolving concept [R]. UNESCO, 2004.

[6] European Association for Quality Assurance in Higher Education. Standards and guidelines for quality assurance in the European higher education area [R]. Helsinki: European Association for Quality Assurance in Higher Education, 2005.

（四）电子文献

[1] QAA. UK quality code for higher education: a brief guide [EB/OL]. (2018 – 05 – 03) [2019 – 07 – 10]. http://www.qaa.ac.uk/Publications/InformationAndGuidance/Pages/quality – code – brief – guide.aspx.

[2] QAA. Protocol for Revisions to the UK quality code for higher education [EB/OL]. (2018 – 05 – 03) [2019 – 07 – 10]. http://www.qaa.ac.uk/Publications/InformationAndGuidance/Pages/Protocol – for – revisions – to – the – Quality – Code.aspx.

[3] QAA. UK quality code for higher education: general introduction [EB/OL]. (2018 – 05 – 03) [2019 – 07 – 10]. http://www.qaa.ac.uk/Publications/InformationAndGuidance/Pages/quality – code – brief – guide.aspx.

[4] QAA. UK quality code for higher education: part a: setting and maintaining threshold ac-

ademic standards [EB/OL]. (2018 - 05 - 03) [2019 - 07 - 10]. http://www.qaa.ac.uk/AssuringStandardsAndQuality/quality - code/Pages/UK - Quality - Code - Part - A.aspx.

[5] QAA. UK quality code for higher education: part b: assuring and enhancing academic quality [EB/OL]. (2018 - 05 - 03) [2019 - 07 - 10]. http://www.qaa.ac.uk/AssuringStandardsAndQuality/quality - code/Pages/Quality - Code - Part - B.aspx.

[6] QAA. UK quality code for higher education: part c: information about higher education provision [EB/OL]. (2018 - 05 - 03) [2019 - 07 - 10]. http://www.qaa.ac.uk/AssuringStandardsAndQuality/quality - code/Pages/Quality - Code - Part - C.aspx.

[7] QAA. Explanatory notes for the launch of UK quality code for higher education [EB/OL]. (2018 - 05 - 03) [2019 - 07 - 10]. http://www.qaa.ac.uk/Publications/InformationAndGuidance/Pages/Explanatory - notes - launch - of - Quality - Code.aspx.

[8] QAA. Responses to the consultation paper on proposals for the national qualifications frameworks [EB/OL]. (2018 - 05 - 03) [2019 - 07 - 10]. http://qaa.ac.uk/academicinfrastructure/FHEQ/background/response/default.asp.

[9] QAA. The quality code engages students [EB/OL]. (2018 - 05 - 03) [2019 - 07 - 10]. http://www.qaa.ac.uk/Publications/Podcasts/Pages/Quality - Code - engages - students - B5.aspx.

[10] EATON J S. The higher education opportunity act of 2008: what does it mean and what does it do? [EB/OL]. (2008 - 09 - 19) [2018 - 09 - 10]. http://www.chea.org/ia/IA_2008.10.30.html.

[11] ABET. Criteria for accrediting engineering program [EB/OL]. (2014 - 11 - 01) [2018 - 9 - 10]. http://www.abet.org/uploadedFiles/Accreditation/Accreditation_Process/Accreditation_Documents/Current/eac - criteria - 2012 - 2013.pdf.

[12] NSSE. Fostering student engagement campus wide annual results 2011 [EB/OL]. (2011 - 12 - 01) [2018 - 9 - 10]. http://nsse.iub.edu/ NSSE_2011_ Results/pdf/ NSSE_2011_AnnualResults.pdf.

[13] Main documents: framework of qualification for the European higher education area [EB/OL]. (2005 - 1 - 30) [2018 - 9 - 10]. http://www.bologna - bergen 2005.no/.

[14] Standards and guidelines for quality assurance in the European higher education area – 3rd edition [EB/OL]. (2015 – 11 – 28) [2018 – 9 – 10]. http://www.enqa.eu/files/ESG_3edition%20 (2). pdf.

[15] Guidelines for external reviews of quality assurance agencies in the European higher education area [EB/OL]. (2012 – 12 – 07) [2018 – 9 – 10]. http://www.enqa.eu/files/Guidelines%20for%20external%20reviews%20of%20quality%20assurance%20agencies%20in%20the%20EHEA.

[16] UNESCO. Contributing to a more sustainable future: quality education, life skills and education for sustainable development 2005. [R/OL]. (2005 – 10 – 10) [2018 – 9 – 10]. http://www.unesco.org/education.

[17] OECD. AHELO brochure [EB/OL]. (2012 – 02 – 19) [2018 – 08 – 08]. http://www.oecd.org/dataoecd/37/49/45755875. pdf.

[18] OECD. A tuning – AHELO conceptual framework of expected desired/learning outcomes in engineering [EB/OL]. (2012 – 02 – 19) [2018 – 08 – 08]. http://www.oecd – ilibrary.org/docserver/download/fulltext/5kghtchn8mbn. pdf? expires = 1329637123&id = id&accname = guest&checksum = F2D6035773979DA55C3DB2A5B25F18A7.

[19] Remarks by the president at college of nanoscale science and engineering state university of new york [EB/OL]. (2013 – 08 – 24) [2018 – 09 – 08]. http://www.chinadaily.com.cn/micro – reading/dzh/2013 – 08 – 24/content_9948478. html.

后 记

高等教育质量标准是高等教育改革发展目标的支撑，承载和体现着国家教育方针、教育目的和各级各类高等教育的培养目标要求，承载和体现着检验人才质量规格的根本任务。然而，由于高等教育以及质量本身的复杂性，高等教育质量标准被公认为高等教育研究的重大难题。

本书是在我的博士论文《高等教育质量国家标准研究》的基础上修改而成的。在北京航空航天大学读博期间，选择高等教育质量标准作为研究主题，我还是非常胆怯和犹豫的，因为才疏学浅，难以胜任如此复杂和困难的研究。最终，导师的鼓励和帮助，使我有勇气去挑战它。我在磕磕绊绊中，也算完成了论文，通过了答辩，获得了博士学位。虽然论文还存在非常多的缺点和不足，但是比较系统地梳理了高等教育质量及标准的内涵，分析了国际高等教育质量标准的现状、类型和趋势，提出了我国高等教育质量标准建设的路径、方法和框架体系，这对我国高等教育质量标准的建设和质量的提升，还是具有一定参考价值的。

博士毕业之后，在工作中，我又对之前的研究做了部分修正和更新，在全国教育科学“十二五”规划的支持下，终于使本书付梓。在此，我特别要感谢对我的学术成长给予帮助和支持的老师、同学和朋友们。

我要感谢我的导师吴岩教授。吴老师治学严谨、务实，对我要求严格但是关怀备至。每当我出现错误或者不思进取时，他都非常严厉地指出，但是每当我取得一点进步，他都会给予肯定和表扬。本书倾注了导师巨大的心血。我要感谢北京航空航天大学公共管理学院的老师们，特别是郑晓齐教授、雷庆教授、赵婷婷教授、马永红教授、赵世奎教授和刘扬副教授等诸多老师对我学习的热情关怀和帮助；感谢厦门大学教育研究院潘懋元先生、史秋衡教授、王洪才教授、邬大光教授。我在厦门大学访学期间，他们不但在学习上热心指导帮助，在生活上也非常关心我，让我领略了与北京航空航天大学不同的学术风格和自然风光。感谢“高等教育质量分类标准研究”课题组的专家：大连理工大学李志义副校长，长春工业大学张德江校长，常熟理工学院朱林生副院长，北京航空航天大学赵婷婷教授，中国传媒大学王保华教授，北京教育科学研究院王晓燕、刘永武、闫飞龙、王怀宇、刘娟等老师。本书是在课题的基础上展开的，引用了相关专家的思想和成果，没有他们的支持和帮助，不会顺利完成。还要感谢我的同学，特别是我的同门刘祖良、曹淼孙、赵强、崔慧广、王琛、王楠等，倍感怀念我们在一起研究讨论学术的日子。最后，要感谢我的家人，他们对我的学习、工作和生活付出了巨大的努力和支持。

本书仅仅是对高等教育质量标准进行了初步的研究，科学合理的质量标准，只有经过反复论证和试验，才有可能真正应用于实践并指导实践。希望更多的专家学者在这一领域进行研究，为推动我国高等教育质量标准的建设，提开我国高等教育质量，建设高等教育强国做出贡献。

国兆亮

2020 年 8 月 18 日